MW01690621

A pesar la
conozco poco de
hablar con usted es
sentido que usted es una
mujer de Dios, el le dara la
fortaleza para levantarse, ponga
toda su confianza en el.
Todo en su momento de tristeza
dijo Jehova dio y Jehova
Quita Gloria sea a el.

Con amor
Gualda

PRESENTADO A:

a Doña Teresa

POR:

Griselda López

FECHA:

MOMENTOS DE QUIETUD CON DIOS

para Mujeres

EDITORIAL UNILIT
HB HONOR BOOKS
Sepa

Publicado por
Editorial Unilit
Miami, Fl. 33172
Derechos reservados

© 2005 Editorial Unilit (Spanish translation)
Primera edición 2005

© 2002 por Honor Books
Originalmente publicado en inglés con el título:
Quiet Moments with God for Women
por Cook Communications Ministries
4050 Lee Vance View,
Colorado Springs, Colorado 80918 U.S.A.

Ninguna parte de esta publicación podrá ser reproducida, procesada en algún sistema que la pueda reproducir, o transmitida en alguna forma o por algún medio electrónico, mecánico, fotocopia, cinta magnetofónica u otro excepto para breves citas en reseñas, sin el permiso previo de los editores.

Traducido al español por: Belmonte Traductores

Las citas bíblicas se tomaron de la Santa Biblia, Versión Reina Valera 1960 © Sociedades Bíblicas Unidas; *La Santa Biblia, Nueva Versión Internacional* © 1999 por la Sociedad Bíblica Internacional; y *La Biblia de las Américas* © 1986 por The Lockman Foundation.
Usadas con permiso.

Producto 495359
ISBN 0-7899-1235-X
Impreso en Colombia
Printed in Colombia

Introducción

Momentos de quietud para la meditación personal, para tener comunión con Dios, es lo que nosotras las mujeres necesitamos para vivir vidas equilibradas a la vez que cumplimos con las complejas demandas a las que nos enfrentamos cada día.

Mientras que nuestro mundo se mueve y gira como un torbellino pasando ante nosotras con gran velocidad e intensidad, es tentador dejar de lado esos momentos de quietud y considerarlos un lujo en vez de una necesidad. Pero la verdad es esta: los momentos de sosegada tranquilidad son críticos y nos ayudan a definir nuestras relaciones, nuestros papeles, nuestras prioridades y a nosotras mismas. Sin ellos nos convertimos en esclavas de nuestro estilo de vida en lugar de ser sus dueñas.

Esperamos que los devocionales de este libro te ayuden para que tus momentos de quietud sean productivos e inspiradores. Hemos seleccionado los que se relacionan de manera específica con los asuntos y problemas que las mujeres enfrentan. Hemos hecho que sean lo bastante cortos como para que encajen en el tiempo especial que apartes y, sin embargo, lo bastante largos como para darle un fuerte empujón a tu día. Esperamos que a medida que los leas te acerquen más a Dios.

Noche tachonada de estrellas

¿Recuerdas que cuando niña te tendías boca arriba en el suelo del patio de tu casa para mirar la luna y la corriente celeste de estrellas? Todo era paz y tranquilidad. ¡Cuán relajante era mirar sin ninguna preocupación las relucientes luces, y simplemente soñar! Aun ahora de adulta no eres demasiado vieja para hacerlo. Todo el mundo necesita un momento de quietud para estar a solas con Dios, sin televisión, sin radio o cintas de casete. Si no puedes hallar unos momentos de quietud es porque los has dejado escapar, pero los puedes recuperar ahora.

LOS CIELOS CUENTAN LA GLORIA DE DIOS, Y EL FIRMAMENTO ANUNCIA LA OBRA DE SUS MANOS.

SALMO 19:1

Dios te creó a ti más especial que todas las cosas, aun que las estrellas del cielo. El salmista escribió en el Salmo 8:3-5: «Cuando veo tus cielos, obra de tus dedos, la luna y las estrellas que tú formaste, digo: ¿Qué es el hombre, para que tengas de él memoria, y el hijo del hombre, para que lo visites? Le has hecho poco menor que los ángeles, y lo coronaste de gloria y de honra».

Dios tiene un lugar muy especial en su corazón para ti, y quiere que le conozcas de una forma más íntima. Él desea esta relación incluso más que tú misma. A Él le agrada tener tu amistad.

No escuches las mentiras del enemigo cuando te dice que Dios está enojado porque no has leído la Biblia últimamente. A medida que pases tiempo con Dios serás fortalecida, y esa fortaleza impedirá que te des por vencida cuando lleguen los momentos difíciles. Haz de los momentos de quietud tu principal prioridad, y considéralos una cita con Dios. En este mismo momento marca en tu calendario el tiempo que planeas pasar con Dios cada día y dale el primer lugar.

**DIOS NECESITA TANTO NUESTRA AMISTAD,
QUE SE APROXIMA A NOSOTROS
Y NOS PIDE QUE SEAMOS SUS AMIGOS.**

MEISTER ECKHART

Ahora veo con claridad

Pero sabemos que cuando Él se manifieste,
seremos semejantes a Él,
porque le veremos tal como Él es.

1 Juan 3:2

Entre Macon y Valdosta, Georgia, hay un tramo de la autopista Interestatal 75, conocido por la densa niebla que causa múltiples choques de autos, camionetas, camiones y caravanas. Varias veces al año se producen horribles accidentes cuando los conductores se ven inmersos en la espesa niebla. Muchos ni siquiera pueden ver la parte frontal de sus propios vehículos, y mucho menos más allá de ellos.

El resultado es esperar que ocurra un desastre, que sucede con frecuencia. Muchas personas resultan heridas, los vehículos quedan destrozados y los conductores sufren horas de retraso. Los costos con respecto a propiedades personales, la ciudad y el estado, al igual que el incremento de tarifas de los seguros ascienden a cifras astronómicas. Pero la peor tragedia es la pérdida de vidas humanas.

Los conductores implicados en esos accidentes te contarán la misma historia. Vieron la niebla, pero no creyeron que era tan espesa como luego resultó ser. Esperaban atravesar ese banco de niebla de forma segura simplemente encendiendo las luces bajas de sus autos y conduciendo más despacio. Esos conductores no tenían la menor idea de que muchos vehículos que circulaban por delante de ellos ya se habían visto obligados a detenerse, a menudo, víctimas de la tragedia de un auto o camión que iba adelante de ellos.

Puede que en esta vida nosotras veamos las cosas a través de una niebla de confusión o de circunstancias, pero llegará el día cuando estaremos delante de Cristo y le veremos con claridad tal como Él es en toda su gloria. Nada podrá nublar al Cristo vivo y verdadero ante nuestros ojos cuando lleguemos al cielo.

La buena noticia es que no tenemos que esperar hasta que llegue ese momento. Hoy, en este mismo momento, podemos verlo a Él con claridad en su Palabra y en la vida de nuestros hermanos.

**EL CIELO
ES EL LUGAR
DONDE
LAS PREGUNTAS
Y LAS RESPUESTAS
SE CONVIERTEN
EN UNA MISMA COSA.**

ELIE WIESEL

Cuesta abajo desde aquí

Mas vosotros sois linaje escogido, real sacerdocio, nación santa, pueblo adquirido por Dios, para que anunciéis las virtudes de aquel que os llamó de las tinieblas a su luz admirable.

1 Pedro 2:9

Jean-Claude Killy, el campeón francés de esquí, hizo más que trabajar duro en su deporte.

Cuando se incorporó al equipo nacional de esquí a principios de los años sesenta, lo hizo con la determinación de ser el mejor. Decidió que la clave era el entrenamiento vigoroso. Se levantaba al amanecer cada día y subía las montañas con los esquís puestos, actividad que es muy dolorosa. Soportó un intenso entrenamiento con pesas y carreras porque estaba decidido a hacer todo lo que fuera necesario para alcanzar las máximas condiciones físicas.

Sin embargo, otros miembros del equipo también trabajaron igual de duro y, al final fue un cambio en el estilo, no en las condiciones, lo que hizo destacar a Killy.

La meta en las carreras de esquí es descender por una pista en la montaña, determinada con anticipación, más rápido que todos los demás. Killy comenzó a experimentar para comprobar si podía ir reduciendo segundos de su tiempo, y descubrió que si esquiaba con las piernas separadas lograba un mejor equilibrio.

También descubrió que si se echaba hacia atrás cuando hacía un giro, en lugar de inclinarse hacia delante como se acostumbraba, tenía un mejor control, que daba como resultado mejores tiempos. En vez de considerar los palos de esquí como un accesorio para mantenerse equilibrado, Killy intentó usarlos para impulsarse hacia delante.

Su estilo no era ortodoxo, pero cuando ganó la mayoría de los principales eventos de esquí en los años 1966 y 1967, incluyendo tres medallas de oro en los Juegos Olímpicos de Invierno, los esquiadores de todo el mundo tomaron nota. En la actualidad el estilo Killy es la norma entre los esquiadores en las carreras de descenso y eslalon. Cualquier otro «estilo» se consideraría extraño[1].

Como cristianas no somos llamadas a conformarnos a las normas del mundo, sino a las normas de Dios. Nuestro estilo de vida debería desafiar a la gente a ir a Jesucristo y a vivir de acuerdo a sus más altos caminos y propósitos. El «estilo» cristiano puede parecer extraño para los no creyentes, pero al final, ¡es el estilo que prevalecerá!

No tengas temor de ser un poco «extraño» hoy ante aquellos que te observan. Tu ejemplo puede ayudar a ganarlos para un estilo de vida de campeonato.

SI QUIERES SER ORIGINAL, SOLO INTENTA SER TÚ MISMO PORQUE DIOS NUNCA HA HECHO A DOS PERSONAS EXACTAMENTE IGUALES.

BERNARD MELTZER

PREPÁRATE PARA SER OSADA

Intentar algo nuevo puede causarte miedo e incluso puede ser peligroso. Por eso es mucho más inteligente correr un riesgo calculado que dar un salto imprudente y temerario.

Charles Lindbergh corrió un riesgo calculado cuando decidió cruzar volando solo el Atlántico en un avión monomotor. ¿Tenía miedo? Por supuesto que podría haberlo tenido si nunca antes hubiera volado, o si no hubiera sabido nada de aviones. Si no hubiera confiado en el constructor de su avión y en sus mecánicos, habría tenido una buena razón para estar ansioso. Si hubiera decidido hacer el viaje según su capricho sin haberlo planificado con tiempo y cuidado, con toda seguridad lo habrían calificado de necio.

TODO HOMBRE PRUDENTE PROCEDE CON SABIDURÍA; MAS EL NECIO MANIFESTARÁ NECEDAD.

PROVERBIOS 13:16

Pero ninguno de esos factores afectó a Lindbergh, un experimentado piloto y mecánico. Él pasó meses supervisando personalmente la construcción de su avión y participó en la planificación de cada detalle de ese histórico viaje cuyo resultado final fue un viaje seguro finalizado antes de lo previsto y con combustible de sobra[2].

De manera similar los momentos espirituales casi siempre están ligados a la preparación previa. Moisés creció en la corte de

Faraón, siendo preparado sin saberlo, para el día en que tuviera que pedirle que dejara salir a su pueblo de Egipto. Daniel era un hombre de oración mucho antes de que el rey emitiera un decreto prohibiendo la oración. La violación del decreto lo llevó a un foso de leones donde sus oraciones por protección fueron contestadas.

David era parte de la corte real de Saúl y se casó con su hija. Todo ello era parte de su preparación para el día en que ascendería al trono. Los años que pasó en el desierto lo prepararon espiritualmente para confiar en que Dios, y solo Dios lo guardaría, lo protegería y lo ayudaría a gobernar un imperio. Ester se preparó durante todo un año antes de ganar el «concurso» para convertirse en reina, y se preparó de nuevo para presentarse con valentía ante el rey y así desenmascarar al enemigo de su pueblo.

Puede que tú no veas con claridad el propósito de Dios para tu vida, pero puedes confiar en el hecho de que Él te está preparando para ello. Él no desperdiciará ni un solo momento de tu vida. Por tanto, haz que en este día todas las relaciones y las experiencias cuenten, porque Él te está preparando y acicalando para una futura grandeza.

PREFIERO CAMINAR CON DIOS EN LA OSCURIDAD QUE CAMINAR SOLA EN LA LUZ.

MARY GARDINER BRAINARD

AL FIN...

Te alabaré porque me has oído,
y me fuiste por salvación.

Salmo 118:21

Se cuenta la historia de un buscador de diamantes en Venezuela llamado Rafael Solano. Él era uno de los muchos nativos buscadores de fortuna que se pusieron a cribar las rocas de las secas orillas del río, famosas por tener diamantes. Nadie, sin embargo, había tenido suerte por largo tiempo de encontrar algún diamante entre la arena y los guijarros. Uno a uno, todos los que habían ido a aquel lugar se fueron con sus sueños destrozados y sus cuerpos agotados.

Desanimado y exhausto, Solano acababa de decidir que ya era tiempo de también darse por vencido y regresar sin nada que mostrar como resultado de meses de trabajo.

Por última vez se puso a cribar y rápido sacó un puñado de guijarros, solo para poder decir que los había inspeccionado cuidadosamente uno por uno. De entre los que tenía en su mano sacó uno que parecía ser algo diferente. Lo pulsó con su otra mano, y parecía ser pesado. Luego lo midió y lo pesó en una balanza. ¿Sería posible?

¡Sin duda había encontrado un diamante en bruto! El joyero de Nueva York, Harry Winston, le pagó a Solano 200.000 dólares por aquella piedra, que al ser cortada y pulida, llegó a conocerse como el Libertador y a ser considerado como el diamante más grande y más puro del mundo.

Quizá hayas trabajado en un proyecto durante semanas, meses o aun años sin ver mucho progreso. Este puede ser el día. ¡No te des por vencida!

Las Escrituras están llenas de ejemplos de hombres y mujeres que, cuando estaban al borde del desastre o del fracaso, experimentaron la obra creativa de Dios en sus vidas. Recuerda...

- La Palabra de Dios es verdad.
- Dios puede separar las aguas del mar.
- Dios puede sanar lo incurable.
- Dios puede dar agua de una roca y maná del cielo.
- Dios puede conquistar a tus enemigos.
- Dios puede aún liberar del horno de fuego y del foso de los leones.

Persevera en aquello que Él te haya pedido que hagas en este día, ¡porque tu recompensa será mayor de lo que puedes pensar o imaginar!

LA PERSEVERANCIA ES LA CUERDA QUE ATA EL ALMA AL MARCO DE LA PUERTA DEL CIELO.

FRANCES J. ROBERTS

MOMENTOS DE SEREPENDISMO

Serependismo, según Merriam-Webster´s Collegiate Dictionary, es «la facultad o fenómeno de hallar cosas valiosas o agradables no buscadas». Algunas veces lo llamamos «accidente, pura suerte o destino», pero el serependismo nos ha dado nuevos productos y mejores formas de hacer cosas.

Todas nosotras conocemos ejemplos de serependismo, como el descubrimiento de América por Colón mientras buscaba una ruta hacia la India. El jarabe de maple fue descubierto por indígenas americanos cuando al necesitar agua golpearon un árbol de arce o maple, e hicieron el primer jarabe de este árbol al hervir la savia. Los pioneros que viajaban al oeste buscando agua se detuvieron ante un arroyo para beber y encontraron allí pepitas de oro.

Cuando George Ballas conducía su auto atravesando un túnel de lavado, tuvo un momento de serependismo que lo hizo millonario. Al observar las tiras de los cepillos que limpiaban su auto, se puso a pensar en su lista de quehaceres entre los que estaba cortar el césped de su jardín.

PORQUE SOMOS HECHURA SUYA, CREADOS EN CRISTO JESÚS PARA BUENAS OBRAS.

EFESIOS 2:10

De repente, una idea «saltó» a su mente, y echó otra larga mirada a las tiras de los cepillos rotantes. Estas se estiraban cuando giraban a gran velocidad, pero seguían siendo lo bastante flexibles como para llegar a cada rincón de su auto y limpiarlo. Él se preguntó: *¿Por qué no usar una cuerda de nailon y hacerla girar a gran velocidad para que recorte el césped y las malas hierbas que están alrededor de los árboles y de la casa?* Su idea, su serependismo, condujo a la invención de la máquina orilladora.

¿De dónde obtenemos nuevas ideas? ¡Dios es el Maestro que está detrás del serependismo! Puede que no siempre te dé una idea de un millón de dólares, pero sí te hará ser más creativa. Este es el consejo de un experto: Captura las ideas, anótalas enseguida, antes de que se te vayan y evalúalas más tarde. Toma tiempo para soñar despierta con el Señor. Busca nuevos desafíos. Amplía tu perspectiva. Aprende a hacer cosas nuevas[3].

Recuerda hoy que Dios es tu Creador y el Creador de todo lo que hay en el universo. Pídele que te inspire con nuevas ideas que puedan glorificarle a Él y beneficiar a los demás. ¡Somos creadoras juntamente con Él!

CUALQUIER COSA QUE VALGA LA PENA HACER,
VALE LA PENA HACERLA BIEN.

LORD CHESTERFIELD

TÓMATE UN RESPIRO

Las obligaciones vertiginosas e implacables de la vida a menudo hacen que todas declaremos con un suspiro: «Necesito un respiro». ¡Y puede que le estemos dando voz a más verdad de la que pensamos! Los médicos han descubierto que prácticamente para cada persona que *realiza,* ya sea un trabajo manual que demande fuerza física o un trabajo de oficina que demande fuerza intelectual, el nivel de rendimiento mejora cuando uno respira como es debido.

EL SEÑOR DIOS FORMÓ AL HOMBRE DEL POLVO DE LA TIERRA, Y SOPLÓ EN SU NARIZ EL ALIENTO DE VIDA.

GÉNESIS 2:7, LBLA

El aliento de Dios se define como regular, profundo y lento. Lo contrario, irregular, poco profundo y rápido, es señal segura para la mayoría de los médicos de que algo anda muy mal. Una buena respiración es esencial para una buena salud, porque proporciona oxígeno a la sangre, que es vital para el funcionamiento de todos los órganos del cuerpo, especialmente el corazón y el cerebro.

Las Escrituras nos dicen que Dios sopla su vida en nosotras tanto de forma física como espiritual. Jesús sopló en sus discípulos para impartirles el Espíritu Santo (véase Juan 20:22). La Iglesia primitiva experimentó al Espíritu Santo como un fuerte viento, una manifestación del aliento de Dios (véase Hechos 2:1-2).

Hoy, en nuestras vidas personales, a menudo experimentamos la conciencia del Espíritu de Dios obrando en nosotras como una brisa fresca, que nos limpia y nos revive en cada parte de nuestro ser. La palabra *inspiración* significa literalmente que pone *dentro de nosotros* las cosas del Espíritu.

Haremos bien en tomarnos un «respiro» periódico en la presencia del Señor. Cuando lo hacemos descubrimos que el ritmo de los acontecimientos de nuestra vida se aquieta. Descubrimos que nuestro espíritu es refrescado y renovado a un nivel más profundo que la superficialidad de nuestra rutina diaria.

Haz una pausa para recibir del Señor, y comprueba si no te encuentras a ti misma calmándote y liberando las tensiones del temor, la frustración y la futilidad. Podrás pensar con más claridad, el amor de Dios fluirá con más libertad y las ideas creativas comenzarán a llenar tu mente.

¡Tómate un respiro! Inhala profundamente su bondad, fortaleza y amor.

EL DESCANSO ES EL JUGO MÁS DULCE DE LA LABOR.

PLUTARCO

EDITA TU VIDA

Por tanto, nosotros también, teniendo en derredor nuestro tan grande nube de testigos, despojémonos de todo peso y del pecado que nos asedia.

Hebreos 12:1

Las películas de Disney son conocidas en todo el mundo como las mejores en animación. Pero los estudios Disney no se ganaron esa reputación fácilmente. Una de las razones del nivel de excelencia logrado fue el cineasta mismo. Walt Disney era despiadado a la hora de cortar cualquier cosa que se interpusiera en el desarrollo de la historia.

Ward Kimball, uno de los animadores de la película *Blancanieves*, recuerda haber trabajado durante doscientos cuarenta días en una secuencia de cuatro minutos. En esa escena los enanitos hacían sopa para Blancanieves, casi destrozando la cocina en el proceso. Disney pensaba que era divertido, pero al pensar que interrumpía el fluir de la película, decidió quitar la escena.

A menudo nos encontramos haciendo cosas «buenas», que no solo son innecesarias, sino que también constituyen una distracción para el desarrollo de la historia de nuestras vidas. Como la escena de la sopa, muchas de esas cosas son importantes o entretenidas, pero carecen del elemento esencial para constituir el mejor uso del tiempo y de los talentos que Dios nos ha dado.

La próxima vez que te pidan que te ocupes de otra «buena escena», hazte las siguientes preguntas:

- *¿Encaja esto en el plan que Dios ha puesto delante de mí? ¿Tengo una duradera paz interior al respecto?*
- *¿Nos ayudará esta tarea, tanto a mí como a los demás, a acercarnos más al Señor?*
- *¿Puedo hacer esto sin tener que quitar tiempo del que ya me he comprometido a pasar con mi familia, mi iglesia, mi trabajo o mis amigos?*

Al detenerte a considerar el resto de este día piensa en lo siguiente: Cuando se proyecte la película de tu vida, ¿será tan estupenda como podría haberlo sido? ¡Mucho depende de la multitud de cosas *buenas* que edites y cortes de tu vida a favor de las cosas *estupendas* que Dios quiere hacer por medio de ti!

LO MÁS SABIO
ES EL TIEMPO
PORQUE SACA
TODAS LAS COSAS
A LA LUZ.

THALES

SUPOSICIONES EQUIVOCADAS

Una viajera compró en una de las salas de descanso del aeropuerto, un pequeño paquete de galletas para comer mientras leía el periódico. Poco a poco fue escuchando unos crujidos. Al mirar por detrás del periódico, se quedó pasmada al ver que un hombre bien vestido se estaba comiendo sus galletas. No queriendo hacer una escena se inclinó hacia delante y agarró una galleta.

LA SOBERBIA DE TU CORAZÓN TE HA ENGAÑADO, TÚ QUE MORAS EN LAS HENDIDURAS DE LAS PEÑAS, EN TU ALTÍSIMA MORADA; QUE DICES EN TU CORAZÓN: ¿QUIÉN ME DERRIBARÁ A TIERRA?

ABDÍAS 1:3

Después de unos minutos, la mujer siguió escuchando crujidos. ¡El hombre estaba agarrando otra galleta del paquete, que ya llegaba al final. Estaba enojada, pero no se atrevía a decir nada. Entonces, como para echarle más sal a la herida, el hombre partió por la mitad la galleta que quedaba, se la dio a ella, se comió la otra mitad, y se marchó.

Todavía furiosa, un rato después, cuando anunciaron su vuelo la mujer abrió su bolso de mano para sacar el boleto, y para su sorpresa y vergüenza, ¡allí estaba el paquete de galletas sin abrir!

Es muy fácil hacer suposiciones acerca de lo que ocurre a nuestro alrededor. Esperamos que las cosas sean de cierta manera basándonos en las experiencias del pasado y en lo que ya sabemos o nos han dicho de una situación. Las suposiciones no siempre son equivocadas, pero nunca hay que confiar en ellas, pues demasiadas veces conducen a la vergüenza e incluso a la destrucción.

La Biblia nos dice que la suposición está basada en el razonamiento humano, y que su fuerza impulsora es el orgullo. Como dice el pasaje anterior, creemos que lo sabemos todo, lo que hace que seamos engañadas.

El orgullo condujo a la mujer de la historia a suponer que tenía la razón, y que el caballero estaba equivocado. En lugar de verlo a través de los ojos de Dios y orar por sabiduría para manejar la situación, ella ignoró al hombre. Estaba completamente ciega ante la bondad de él hacia ella.

Cuando te encuentres en medio de un conflicto con otras personas, evita las suposiciones orgullosas, caminando en el amor de Dios. Mira a los demás y las situaciones a través de sus ojos. Después de todo, tu visión es limitada, ¡pero Él sabe exactamente lo que está ocurriendo!

EL ORGULLO ES UN CÁNCER ESPIRITUAL QUE SE COME LA ÚNICA POSIBILIDAD DE AMOR O DE CONTENTAMIENTO, E INCLUSO DE SENTIDO COMÚN.

C.S. LEWIS

El guía

Los extranjeros que les gusta explorar solos las áreas desérticas de América del Sur deben estar bien preparados para enfrentarse a varios desafíos. Aquellos que se aventuran a entrar en las selvas del Amazonas o en la cordillera de los Andes sin un guía, o la preparación adecuada, enseguida ponen sus vidas en peligro.

En su libro *A Slow and Certain Light*, la misionera Elisabeth Elliot cuenta de dos aventureros que fueron a visitarla a la sede de su misión. Bien cargados con equipo pesado para la selva tropical, no solicitaron ningún consejo, y simplemente se limitaron a pedirle que les enseñara unas cuantas frases del idioma local para poder conversar un poco con los indígenas.

JEHOVÁ TE PASTOREARÁ SIEMPRE, Y EN LAS SEQUÍAS SACIARÁ TU ALMA, Y DARÁ VIGOR A TUS HUESOS; Y SERÁS COMO HUERTO DE RIEGO, Y COMO MANANTIAL DE AGUAS, CUYAS AGUAS NUNCA FALTAN.

ISAÍAS 58:11

Sorprendida ante su temeridad, Elisabeth vio el paralelismo entre aquellos viajeros y los cristianos. Ella escribe: «Algunas veces acudimos a Dios como lo hicieron aquellos aventureros, confiados y pensando que estamos bien informados y bien equipados. ¿Pero se nos ha ocurrido pensar que con toda nuestra acumulación de cosas a veces nos falta algo?».

Ella sugiere que a menudo le pedimos a Dios muy poco. «Sabemos que necesitamos una respuesta con un sí o un no, o un por favor a una pregunta sencilla. O quizás una señal en el camino. Algo rápido y fácil que lo señale. Lo que realmente debiéramos tener es al Guía mismo. Los mapas, las señales y unas cuantas frases útiles son cosas que sirven, pero es infinitamente mejor tener a Alguien que haya estado allí antes y que conozca el camino»[4].

Puede que en medio de tu ocupado y estresante día te enfrentes a situaciones inesperadas. Confía en que Dios es tu Guía y haz esta oración: «Señor, sé que esto no te tomó por sorpresa. Tú sabías que iba a suceder y me abriste el camino. Te doy gracias ahora por llevarme donde necesito ir y por darme todo lo que necesito para atravesar los puntos ásperos y sombríos que hay a lo largo del camino».

APOYARSE EN DIOS DEBE VOLVER A COMENZAR CADA DÍA, COMO SI TODAVÍA NO SE HUBIERA HECHO NADA.

C.S. LEWIS

Una cubierta de cuero

El hombre mira lo que está delante de sus ojos, pero Jehová mira el corazón.

1 Samuel 16:7

Dodie Gadient, una maestra que había ejercido la docencia durante trece años, decidió viajar atravesando los Estados Unidos para ver los paisajes sobre los que había enseñado. Emprendió su aventura viajando sola en una camioneta con remolque. Una tarde, a la hora más congestionada del tráfico de California, la bomba de agua de su camioneta se estropeó. Estaba cansada, irritada y asustada porque a pesar del atasco que había provocado, nadie parecía estar interesado en ayudarla.

Apoyándose en el vehículo, finalmente oró: «Por favor, Dios, envíame un ángel... preferiblemente a uno que tenga experiencia en mecánica». Cuatro minutos después, pasó una enorme Harley conducida por un formidable y atlético hombre de cabello largo, barba y brazos tatuados, que con un increíble aire de confianza se detuvo y puso manos a la obra con la camioneta. Un rato después, detuvo a un camión más grande, puso una cadena en el parachoques de la camioneta y apartó al gran remolque de la autopista llevándolo a una calle lateral donde tranquilamente continuó trabajando en la bomba de agua.

La intimidada maestra estaba demasiado asombrada como para poder hablar, sobre todo cuando leyó las paralizantes palabras escritas en la espalda de la chaqueta de cuero que el hombre llevaba: «Ángeles del Infierno, California». Cuando el hombre terminó su tarea, ella apenas pudo sacar coraje para decirle: «Muchas gracias», y mantener una breve conversación con él.

El hombre al ver la sorpresa de la mujer ante toda su experiencia, la miró fijamente a los ojos y musitó:

«No juzgue un libro por su cubierta. Puede que no sepa con quién está hablando».

Luego sonrió, cerró el capó de la camioneta, se montó en su Harley, y despidiéndose con la mano se fue tan rápido como apareció[5].

Dios tiene su manera de abrir nuestros ojos, ampliar nuestra perspectiva y mostrarnos sus mayores tesoros, las personas, si estamos dispuestas a mirar más allá de nuestros prejuicios y conceptos preconcebidos. ¡Mantente hoy abierta a que Él te muestre unos cuantos de sus tesoros!

NO JUZGUES A NINGÚN HOMBRE
ANTES DE HABER CAMINADO
DURANTE DOS LUNAS EN SUS MOCASINES.

PROVERBIO INDIO

ACEPTAR SUSTITUTOS

Una mujer recién casada se trasladó a vivir a una pequeña ciudad en Wyoming. Allí las tiendas de ropa tenían poco surtido, y su ocupada vida en el rancho no le dejaba mucho tiempo para hacer largos viajes a ciudades más grandes para ir de compras. Su situación se agravó aun más por el hecho de que su talla era difícil de encontrar. Para resolver su problema comenzó a confiar en el catálogo de una tienda muy grande que tenía ropa de su talla. Las hojas de pedido que la tienda enviaba tenían la siguiente frase en la parte inferior: «Si no tenemos en inventario el artículo que usted ha pedido, ¿podemos sustituirlo?».

Como rara vez ella hacía un pedido, a menos que realmente necesitara el artículo, dudando que unos extraños hicieran la sustitución adecuada, de todas formas contestó que sí, esperando que no fuese necesario.

Esta forma de hacerlo funcionó bien hasta el día en que abrió un paquete de la tienda y halló una carta que en parte decía: «Sentimos que el artículo que usted ha pedido esté agotado, pero lo hemos sustituido...». Al abrir el paquete, ¡encontró un artículo de mayor calidad y que valía el doble del que había pagado!

Y A AQUEL QUE ES PODEROSO PARA HACER TODAS LAS COSAS MUCHO MÁS ABUNDANTEMENTE DE LO QUE PEDIMOS O ENTENDEMOS, SEGÚN EL PODER QUE ACTÚA EN NOSOTROS.

EFESIOS 3:20

Desde entonces, en cada pedido que hacía contestaba «sí» con grandes letras rojas en la parte inferior de la hoja de pedido a la pregunta sobre la sustitución. Tenía confianza en que la tienda le daría lo mejor que tuviera para suplir su pedido.

Seríamos sabias si cuando oramos a Dios añadiéramos a nuestras peticiones que estamos completamente dispuestas a aceptar una sustitución de lo que creemos que necesitamos. Podemos confiar en que Él nos envíe la respuesta perfecta porque como nuestro Creador, sabe mejor que nosotras lo que nos encajará mejor. Debido a que Dios conoce el futuro de una forma en que nosotras no lo conocemos, Él puede responder de manera que vaya más allá de nuestras más elevadas expectativas. Cada vez que nos envíe «sustitutos» podemos estar seguras de que está enviando algo mucho mejor de lo que jamás podríamos haber imaginado.

CUANDO LA VIDA NO ES DE LA MANERA EN QUE A TI TE GUSTA, HAZ QUE TE GUSTE DE LA MANERA EN QUE ES.

PROVERBIO JUDÍO

Pausa de alabanza

Hoy, en lugar de hacer una pausa para tomar café, ¡haz una pausa de alabanza! Haz una pausa en tu día para reconocer todas las formas concretas en que el Señor ha sido bueno contigo. Donde estés dale gracias en este momento por lo que está haciendo en tu vida.

DEN GRACIAS AL SEÑOR, PORQUE ÉL ES BUENO; *SU GRAN AMOR PERDURA PARA SIEMPRE.*

SALMO 136:1, NVI

Nada es demasiado grande o demasiado pequeño para ser digno de tu alabanza. Todas las cosas buenas que tienes y que experimentas en la vida vienen del Señor. A veces las bendiciones llegan directamente, y a veces a través de los talentos o capacidades de otras personas que son inspiradas o capacitadas por Él. ¡Alábalo por las cosas que ves cerca de ti!

Tu lista de alabanza puede incluir lo siguiente:

- Ayuda con la redacción de ese importante memorado.
- Una secretaria buena, amable y detallista.
- La invención del sujetapapeles y las grapas.
- Una ventana para ver el mundo.
- Las aspiradoras.
- Los hornos microondas.
- Las zapatillas para el deporte.

- El brote de los árboles.
- El acceso rápido a datos vitales.
- Los técnicos de las computadoras.
- Una copiadora que no falla.
- El retraso de cinco minutos del cartero, que te dio tiempo para encontrar un sello.
- Una entrevista cordial.
- Colegas dispuestos a colaborar.
- Los felpudos de las puertas y los niños que se acuerdan de usarlos.
- El pastel que sobrevivió al portazo de la puerta trasera.
- Una llamada telefónica exitosa.
- El corrector de ortografía.
- Una buena salud.
- Un trabajo satisfactorio.
- Una familia amorosa y el círculo de amigos.

Mira hacia arriba, hacia abajo y a tu alrededor. ¡Nunca terminarás de ver cosas por las cuales dar gracias!

RECUERDA LAS BENDICIONES DEL DÍA;
OLVIDA LOS PROBLEMAS DEL DÍA.

PROVERBIO

PONTE A CUBIERTO

Te cubrirá con sus plumas y bajo sus alas hallarás refugio. ¡Su verdad será tu escudo y tu baluarte!

Salmo 91:4, NVI

Recuperarse de un desengaño, una pérdida o una situación irritante puede tomar tiempo. Lo que tienes que hacer cuando estás herida es cuidar tus heridas por un poco de tiempo, reorganizarte y luego volver a salir y enfrentarte al mundo.

Sería muy hermoso si aplicáramos a nuestras vidas hoy aquel dicho que aprendimos de niñas: «Yo soy goma, tú eres pegamento. Todo lo que digas rebota en mí y se pega a ti». Qué alivio sería si las palabras de enojo, las miradas feas y los actos crueles no nos pudieran herir.

Muchas de nosotras tenemos sartenes recubiertas de teflón porque la comida no se les pega. Los científicos de Dow Chemical han presentado lo que podría llamarse la próxima generación del teflón, una fórmula a base de fluoruro de carbón que puede extenderse sobre una superficie. Se ha sugerido que podría utilizarse para repeler los escritos en las paredes de las estaciones de metro, los percebes de los barcos, la suciedad de los papeles de las paredes y el hielo de los aviones. Esa sustancia es en realidad adhesivo y repelente. Su «base» se adhiere a cualquier superficie donde se aplique, pero su «superficie» repele la humedad.

Es un poco similar a estar en el mundo, pero no ser de él. En Juan 17:15, 18 Jesús oró: «No ruego que los quites del mundo, sino que los guardes del mal. Como tú me enviaste al mundo, así yo los he enviado al mundo».

A lo largo de nuestra vida tenemos que enfrentarnos a muchas cosas negativas, pero no tenemos que absorberlas o permitir que lleguen a formar parte de nosotras. Con la ayuda del Espíritu Santo podemos adherirnos a Dios. Entonces, su presencia y su poder en nuestra vida no permitirán que seamos revestidas con nada que pueda arrastrarnos hacia abajo.

LAS PALABRAS AMABLES NO DESGASTAN LA LENGUA.

PROVERBIO DANÉS

¡QUÉ AMIGO!

¡Oh qué amigo nos es Cristo!
él llevó nuestro dolor;
Él nos manda que llevemos todo a Dios en oración.
¿Vive el hombre desprovisto de paz gozo y santo amor?
Esto es porque no llevamos todo a Dios en oración.

Joseph M. Scriven, el escritor del himno «Oh, qué amigo nos es Cristo», tuvo una vida llena de tristeza. Faltando uno o dos días para su boda, su prometida se ahogó. Esa tragedia lo llevó a un estado de melancolía que lo acompañó por el resto de su vida.

A pesar de su abatido temperamento el poder y la presencia de Dios eran evidentes en la vida de Scriven que fue un filántropo y un devoto cristiano. Tenía fama de ser un hombre «que cortaba leña para las viudas pobres y los enfermos que no podían pagar». Para otras personas era el amigo que habían encontrado en Jesús.

Scriven escribió este himno para consolar a su madre durante un período de tristeza. No era su intención que alguien lo viera, pero el manuscrito fue descubierto por un vecino. Cuando le preguntaron si él lo había escrito respondió: «Lo escribimos entre el Señor y yo»[6].

«OS HE LLAMADO AMIGOS».

JUAN 15:15

Pasa hoy tu momento de quietud con Jesús, tu Mejor Amigo. Él no murió por ti para que pasaras por las luchas solitaria y llevaras pesadas cargas por ti misma. Él se dio a sí mismo para que tú y Él pudieran ser amigos, y los amigos siempre permanecen al lado y se ayudan mutuamente.

¡Para encontrar consuelo solo necesitas contarle tu necesidad al Señor Jesús en oración!

EL AMIGO MÁS QUERIDO EN LA TIERRA ES APENAS UNA SOMBRA COMPARADO CON JESUCRISTO.

OSWALD CHAMBERS

DE LO QUE TENGO DOY

La palabra *talento* por lo general evoca imágenes de grandes músicos, actores y artistas. Sin embargo, cuando pensamos en el talento en este sentido limitado, creemos que no lo tenemos si no poseemos capacidades en ninguna de esas áreas. La verdad es que los talentos vienen de tantas formas y tamaños como las personas, y Dios nos ha dado talentos a cada una de nosotras.

¿Cuáles son algunos de los talentos «no tan obvios»? La compasión es uno de ellos. ¿Sientes simpatía por alguien que está en una situación de dolor? ¡Entonces has recibido un talento! Usa ese sentimiento para escribir una carta de ánimo a alguien que conozcas y que esté pasando necesidad. ¿Te gusta planear sorpresas para personas que, a no ser por ello, se sentirían olvidadas o desplazadas? ¡Entonces tienes un don! No entierres ese talento, al contrario, úsalo para llevarle gozo a otra persona.

Quizá tengas el don de ver algo bueno en cada persona. Todos los cristianos deben cultivar ese don. Afirma lo bueno que hay en alguien, y luego haz correr la «buena noticia». Por lo regular se necesita a otra persona para que vea y saque lo mejor que hay en la gente. ¡Puede que tú veas un talento en una persona y que ella ni siquiera se haya dado cuenta de que lo tiene!

QUE AVIVES
EL FUEGO
DEL DON DE DIOS
QUE ESTÁ EN TI.

2 TIMOTEO 1:6

¿Tienes un espíritu apacible en medio de la calamidad? ¿Puedes pensar con claridad cuando estás rodeada de confusión? Entonces tienes un don, y tu talento se necesita mucho. Ese fue un talento que Jesús demostró cuando dormía en una barca en medio de una tormenta, cuando no perdía de vista su propósito al enfrentarse a la airada multitud, y cuando enfrentó su sentencia de muerte en la cruz.

¿Tienes un vaso de agua fresca que ofrecer a otra persona? Entonces tienes un don. Úsalo en el nombre de Jesús y para la gloria de Dios.

Ahora vuelve a pensar. ¿Qué talentos tienes?

EL TALENTO ES ALGO QUE DIOS TE DA;
LA EXPERIENCIA ES ALGO QUE TÚ MISMO TE DAS.

DANIEL LOUIS ROTTINGHANS

Momentos de contentamiento

He aprendido a contentarme,
cualquiera que sea mi situación.

Filipenses 4:11

Si alguien conocía los «días de tornado», esos días en que los proyectos y las fechas límite vuelan alrededor de ti con frenesí, era el apóstol Pablo. Él les escribió a los corintios que durante el curso de su vida fue golpeado con látigos y varas casi hasta morir. Fue apedreado y dejado como muerto, sufrió naufragios, estuvo en peligros de ríos, de bandidos y de mares, en desvelos, en hambre y sed, en frío sin ropa adecuada; y fue perseguido prácticamente en cada lugar que estuvo. Sin embargo, pudo decir a los filipenses, en esencia: «He aprendido a estar en paz, no importa lo que ocurra». Pablo había aprendido la clave del contentamiento interior.

Esa paz, nacida del Espíritu en nuestro corazón, es algo que cada una de nosotras debería atesorar. Cuando las situaciones de tensión intenten robarnos nuestra paz, necesitamos pedir al Señor que renueve su presencia dentro de nosotras. La siguiente oración de Louis Bromfield parece haber sido escrita justo para esos momentos:

> Oh Señor, te doy gracias por el privilegio y el don de vivir en un mundo emocionante, lleno de belleza y variedad.
>
> Te doy gracias por el regalo de amar y ser amada, por la cercanía, el entendimiento y la belleza de los animales en la granja y en el bosque, por el pantano, por el verde de los árboles, el sonido de la cascada y la precipitada belleza de la trucha en el arroyo.
>
> Te doy gracias por el deleite de la música y los niños, por las ideas y la conversación de otros hombres escritas en sus libros para leerlos al lado de la chimenea o dentro de la cama mientras la lluvia golpea contra el tejado o la nieve desciende por fuera de las ventanas.

Quizá estás en un lugar donde hay mucha belleza a tu alrededor, pero puedes cerrar los ojos e imaginarte a ti misma en un lugar así. Haz de la cámara secreta de tu corazón tu lugar de oración, tu lugar para experimentar el contentamiento.

EL SECRETO DEL CONTENTAMIENTO ESTÁ EN SABER CÓMO DISFRUTAR DE LO QUE TIENES.

LIN YUTANG

TIEMPO PARA DEJAR DE «QUEJARSE»

Una anciana que vivía en el campo emprendió su primer viaje en tren. Tenía que viajar unos ochenta kilómetros a través de una región interesante y bella, y había esperado con mucha emoción que llegara el día de ese viaje. Sin embargo, una vez que se subió al tren, le tomó tanto tiempo acomodar todas sus bolsas y paquetes, su asiento, ajustar las ventanas y las persianas, y que le respondieran las ansiosas preguntas acerca de todas las cosas que había dejado atrás, que apenas acababa de acomodarse para disfrutar del viaje ¡cuando anunciaron el nombre de su estación de destino!

«NO OS AFANÉIS POR EL DÍA DE MAÑANA, PORQUE EL DÍA DE MAÑANA TRAERÁ SU AFÁN. BASTA A CADA DÍA SU PROPIO MAL».

MATEO 6:34

—Vaya —dijo ella—, si hubiera sabido que llegaríamos tan pronto, no habría desperdiciado mi tiempo en preocupaciones. ¡Apenas llegué a ver el paisaje!

Seguir «preocupándonos» por cosas que quedaron sin hacer ayer, y por cosas que habrá que hacer mañana, nos roba las alegrías que Dios nos trae hoy. Si has dicho varias veces en este día: «Estoy demasiado ocupada para...», podría ser el momento de revisar tus prioridades.

DEMASIADO OCUPADO

Demasiado ocupado para leer la Biblia.
¡Demasiado ocupado para esperar y orar!
¡Demasiado ocupado para hablar amablemente
a alguien en mi caminar!
Demasiado ocupado para preocuparme y luchar.
¡Para pensar en la vida venidera!
Demasiado ocupado construyendo mansiones
para hacer planes para el Hogar celestial.
Demasiado ocupado para ayudar a un hermano
que se enfrenta a la ráfaga del invierno.
Demasiado ocupado para compartir su carga
cuando en la balanza está el propio ego.
Demasiado ocupado para todo lo que es santo
en esta tierra bajo el cielo.
Demasiado ocupado para servirle al Maestro,
pero no demasiado ocupado para morir.

ANÓNIMO

EL CONTENTAMIENTO NO VIENE POR TENER MÁS, SINO POR DESEAR MENOS.

ANÓNIMO

ASÍ TE ENVÍO YO

Margaret Clarkson era una maestra de escuela de veintitrés años de edad en una ciudad donde había minas de oro al norte de Ontario, Canadá, lejos de sus amigos y su familia. Cuando una tarde meditaba en Juan 20:21, Dios le habló mediante la frase: «Así yo os envío». Comprendió que aquella solitaria área era el lugar donde «Dios la había enviado». Ese era su campo misionero. Con toda rapidez expresó sus pensamientos en versos, creando uno de los himnos misioneros más hermosos y populares del siglo XX.

DESPUÉS OÍ LA VOZ DEL SEÑOR, QUE DECÍA: ¿A QUIÉN ENVIARÉ, Y QUIÉN IRÁ POR NOSOTROS? ENTONCES RESPONDÍ YO: HEME AQUÍ, ENVÍAME A MÍ.

ISAÍAS 6:8

Debido a una discapacidad física, la señorita Clarkson no pudo ver realizado su deseo de salir a un campo misionero en el extranjero. Sin embargo, sus palabras han desafiado a muchos a responder al llamado del servicio a Dios:

Yo los envío a obrar sin recompensas,
A servir sin pago, amor y con dolor,
A soportar desprecio, burlas y censuras;
Yo los envío a sufrir por mi amor.

Yo los envío a vendar a los heridos,
A trabajar, a llorar y a velar,
A llevar las cargas de los afligidos;
Yo los envío a sufrir por mi amor.

Yo los envío en soledad y anhelos,
Con corazón hambriento de atención,
Abandonando hogar, familia, amigos;
Yo los envío a sufrir por mi amor.

Yo los envío a dejar sus ambiciones,
A renunciar a deseos y pasión,
A trabajar donde hay quienes se oponen;
Yo los envío a sufrir por mi amor.

Yo los envío a mentes endurecidas,
A ojos ciegos, faltos de visión,
A rendir hasta el fin todas sus vidas;
Yo los envío a sufrir por mi amor.

«Como el Padre me envió a mí, así yo los envío a ustedes» (Juan 20:21, NVI).

NADA ES IMPOSIBLE
PARA EL CORAZÓN DISPUESTO.

THOMAS HEYWOOD

Vivir más allá del trueno

Cobren ánimo y ármense de valor,
todos los que en el Señor esperan.

Salmo 31:24, NVI

En *El Diario de Ana Frank*, ella escribió: «Simplemente no puedo edificar mis esperanzas sobre un fundamento que consiste en confusión, desdicha y muerte»[8]. Ella comprendía que la esperanza se origina en algún lugar más allá de nuestras circunstancias inmediatas. De hecho, la esperanza, la verdadera esperanza, a menudo se erige solitaria en la oscuridad.

¿Cómo pudo aquella joven tener coraje y fe más allá de sus años? Ella se negó a permitir que la destrucción de aquellos tiempos diera forma a su visión de la vida. En sus propias palabras: «Es realmente asombroso que no haya abandonado todos mis ideales... Aún los conservo. Escucho el trueno que siempre está cercano, puedo sentir el sufrimiento de millones, y aún así levanto la mirada al cielo, y pienso que todo saldrá bien»[9].

Nosotras no podemos saber los horrores que Ana Frank y su familia tuvieron que sufrir en el Holocausto, pero lo que sí sabemos es que solo su padre sobrevivió. Sin embargo, las palabras de ella siguen vivas. Décadas después varias generaciones han leído y han sido tocadas por el diario de una chica que se enfrentó a uno de los períodos más oscuros de la historia del mundo. Una chica que escogió la esperanza en medio de la desesperanza.

La vida a veces incluye dificultades. Cuando llegan las pruebas nosotras tenemos la misma opción que tuvo Ana Frank: aferrarnos a nuestros ideales o abandonarlos. Cuando las circunstancias de la vida suenen como «los truenos que se aproximan», recuerda la sencilla verdad en la vida de una joven judía. Un fundamento compuesto de los ingredientes adecuados produce una vida de victoria. Aferrarse fuerte a los propios ideales sin importar cuáles sean las circunstancias, es una marca de carácter.

SABEMOS QUE DIOS DISPONE TODAS LAS COSAS PARA EL BIEN DE QUIENES LO AMAN, LOS QUE HAN SIDO LLAMADOS DE ACUERDO CON SU PROPÓSITO.

ROMANOS 8:28, NVI

LA BUENA VIDA

Una popular broma de Internet dice algo así:

Una secretaria, el auxiliar de un abogado y el socio de un gran bufete, se dirigen caminando a comer, cuando encuentran una vieja lámpara de aceite. Al frotarla sale un genio en medio de una nube de humo, y les dice:

—Como por lo general solo concedo tres deseos, le daré a cada uno de ustedes solamente uno.

¿A QUIÉN TENGO YO EN LOS CIELOS SINO A TI? Y FUERA DE TI NADA DESEO EN LA TIERRA. MI CARNE Y MI CORAZÓN DESFALLECEN; MAS LA ROCA DE MI CORAZÓN Y MI PORCIÓN ES DIOS PARA SIEMPRE.

SALMO 73:25-26

—¡Yo primero! —dice la secretaria—. Quiero estar en las Bahamas, conduciendo una veloz lancha, sin tener nada de qué preocuparme.

¡Puf! y desaparece.

—¡Sigo yo! —dice el auxiliar del abogado—. Quiero estar en Hawai, relajado en la playa con mi masajista personal, interminables provisiones de piña colada, y con el amor de mi vida.

¡Puf! y desaparece.

—Sigues tú —le dice el genio al socio.

—Yo quiero —dice el socio—, que esos dos regresen a la oficina después de la hora de la comida.

Durante mucho tiempo se nos ha dicho que podemos «tenerlo todo». Pero hay demasiadas cosas que hacer, poco tiempo y ninguna lámpara mágica que lo haga por nosotras. Y la verdad es que ni siquiera desearíamos tenerlo todo si no pensáramos que eso nos daría la felicidad.

Sin embargo, aquellos que lo saben dicen que hay un camino más fácil para una vida feliz. Estas tres sencillas ideas se citan como las claves de la felicidad:

1. No te preocupes, Él te ama (véase Juan 13:1).
2. No desmayes, Él te sostiene (véase Salmo 139:10).
3. No te preocupes, Él te guarda (véase Salmo 121:5).

Es posible tenerlo todo... haciendo a Dios tu «Todo».

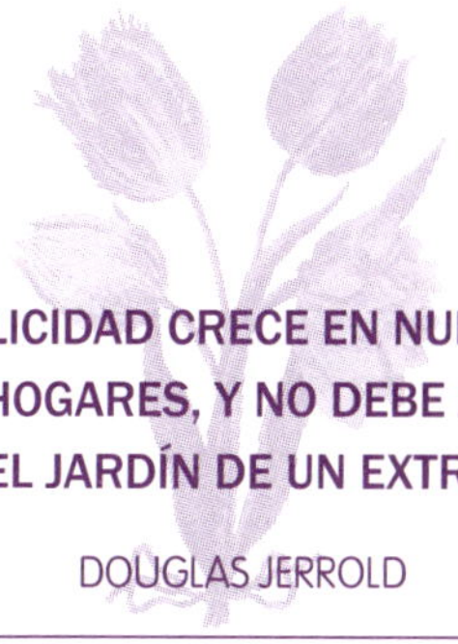

LA FELICIDAD CRECE EN NUESTROS PROPIOS HOGARES, Y NO DEBE AGARRARSE EN EL JARDÍN DE UN EXTRAÑO.

DOUGLAS JERROLD

¡ALABANZA EN LA MAÑANA!

Una joven universitaria se fue a vivir a la ciudad de Nueva York donde alquiló un cuarto en la casa de una anciana que hacía años había emigrado desde Suecia a los Estados Unidos. La propietaria ofreció un cuarto limpio, un baño compartido y el uso de la cocina a un precio razonable.

La bajita mujer sueca de cabello blanco dejó muy claras todas las reglas de la casa. No se permitía fumar ni beber, ni tener comida en los dormitorios etc. Haciendo una pausa en medio de la frase, la propietaria preguntó:

—¿Canta usted? ¿Toca algún instrumento? ¡La música es buena! Yo solía tocar el piano en la iglesia, pero ahora no, ya estoy demasiado vieja. Mi oído está deteriorado, pero me encanta alabar a Dios con música. Dios ama la música.

Avanzada la tarde, después de todo un día de mudanza a su nueva habitación, la joven inquilina oyó unos ruidos horrorosos provenientes de algún lugar en el piso de abajo.

Bajando las escaleras con cautela, siguió los sonidos hasta la puerta de la cocina donde descubrió a su nueva casera delante del horno ¡«cantando» alegremente a voz en cuello!

VENID ANTE SU PRESENCIA CON REGOCIJO.

SALMO 100:2

La joven nunca había oído una voz tan horrible. Sin embargo, sí que oyó aquella voz preciosa para Dios, cada día durante todo el tiempo que vivió en el cuarto que estaba justo encima de la cocina.

Años después la señora sueca pasó a la gloria. La inquilina se trasladó, se casó y tuvo su propia familia. Ahora ella también vive sola y ha perdido un poco de oído. Sin embargo, cada mañana se para frente al horno ¡y canta desentonada en voz alta, pero con alegría alabanzas al Señor!

¡Qué manera tan gloriosa de comenzar el día!

EL GOZO NACE EN MÍ COMO UNA MAÑANA DE VERANO.

SAMUEL TAYLOR COLERIDGE

LEGADOS QUE PERDURAN

El hombre de bien tiene misericordia,
y presta; gobierna sus asuntos con juicio.

Salmo 112:5

Marian Wright Edelman, abogada y presidenta fundadora del Fondo para la Defensa Infantil, a menudo habla de cómo Martin Luther King causó un profundo impacto en su vida. Todos los estadounidenses han sido afectados de alguna manera por la vida del doctor King, y la mayoría de ellos han oído su famosa frase: «Tengo un sueño». Pero no fue su persona pública la que impactó a Marian, sino la disposición que tuvo para admitir sus temores.

Ella escribe: «Lo recuerdo como alguien capaz de admitir cuán a menudo tenía temor e inseguridad para dar el siguiente paso... Lo que más recuerdo es su vulnerabilidad humana y su capacidad para sobreponerse a ella».

Marian sabía lo que es sobreponerse al temor y la inseguridad, porque su vida no fue fácil. Uno se pregunta cuán a menudo obtendría fuerzas de la honestidad y el candor del doctor King.

La señorita Edelman creció durante la época de la segregación en una familia de cinco hijos, y era hija de un ministro bautista. Se graduó en Spelman College y Yale University Law School y fue la primera mujer de color que aprobó abogacía en el estado de Mississippi. Es una escritora prolífica y dotada que ha dedicado su vida a servir como activista en pro de los estadounidenses marginados y desfavorecidos, especialmente los niños.

Su testimonio es increíble por creer en ayudar a los demás para ayudarse a sí mismos. Ella nunca dudó que pudiera hacer una diferencia. «Yo siempre creí que podría ayudar a cambiar el mundo porque he sido afortunada al tener adultos a mi alrededor que lo hicieron de formas pequeñas y grandes».

Nosotras tenemos la misma oportunidad. ¿Responderemos tan bien como ella? ¿Ayudaremos a cambiar el mundo?

AQUEL QUE
ME DA ME
ENSEÑA A DAR

PROVERBIO DANÉS

LA INVITACIÓN

Rita se quedó en la acera mirando pensativa y triste la hermosa casa. A través de las cortinas de las ventanas vio a personas bien vestidas que charlaban los unos con los otros y disfrutaban los refrigerios. Sostenía en su mano una grabada invitación personal a la fiesta. Su profesor la había invitado a aquel evento en la noche porque estaba impresionado con sus capacidades académicas y quería que conociera a otras personas en la universidad.

Ella toqueteó cuidadosamente la invitación, miró su bonito «vestido de fiesta» que parecía muy apagado y ordinario en comparación con los trajes que veía a través de la ventana, y con tristeza lentamente se alejó. Apretada entre sus dedos estaba la invitación sin utilizar.

Esta conmovedora y dolorosa escena de la película británica *Educando a Rita,* demuestra simplemente lo difícil que es para alguien aceptar la posibilidad de una nueva vida. Rita provenía de una familia de clase media baja, y nadie antes de ella había estudiado en la universidad. Batallaba con sentimientos de ineptitud y siempre se preguntaba cómo podría «encajar». Este sentido de desconfianza en sí misma fue lo que hizo que fallara a la hora de actuar de acuerdo a la invitación.

«Y EL HIJO LE DIJO: "PADRE... YA NO SOY DIGNO DE SER LLAMADO TU HIJO"».

LUCAS 15:21

Sin embargo, gracias a un profesor persistente que vio en ella algo más de lo que ella veía en sí misma, finalmente aceptó la invitación de unirse a un nuevo mundo. Al final de la película esta mujer, antes modesta, se destaca como estudiosa y experta.

Cada una de nosotras estamos invitadas a convertirnos y a destacarnos como cristianas. El mayor gozo, sin embargo, está en saber que nuestro Gran Maestro siempre ve en nosotras mucho más de lo que por lo regular vemos en nosotras mismas.

Dios no nos pregunta por nuestra capacidad, sino por nuestra disponibilidad.

ELLOS PUEDEN CONQUISTAR LO QUE CREEN QUE PUEDEN.

JOHN DRYDEN

UN NUEVO ASPECTO

En el año 1988, Se Ri Pak, de veintiún años de edad, se convirtió en la nueva «chica prodigio» del golf femenino profesional, ganando el Abierto de Estados Unidos, y más tarde llegando a ser la primera mujer que dio 61 golpes en un acontecimiento de la LPGA. Como solo había jugado al golf seis años antes de convertirse en profesional, su asombroso ascenso se atribuyó no solo a su talento, sino también a una fuerte concentración mental basada en la tradición asiática de controlar las emociones.

Los espectadores quedan asombrados ante la capacidad de la joven jugadora para obviar las distracciones mientras está en el campo. Incluso le preguntaron a su cadi si estaban enojados, porque ella camina sola y no le habla. Pero él explicó que eso se debe a que ella está profundamente concentrada todo el tiempo.

De hecho, su control es tal que Se Ri rompió a llorar por primera vez en su vida cuando ganó el Abierto de Estados Unidos. Para ella, no es normal mostrar las emociones, pero explica la forma en que está trabajando para cambiar ese hábito:

BIENAVENTURADO EL PUEBLO QUE TIENE ESTO; BIENAVENTURADO EL PUEBLO CUYO DIOS ES JEHOVÁ.

SALMO 144:15

Por lo general parezco muy seria, pero después de que comencé a jugar al golf a la edad de catorce años, vi a Nancy López en televisión. Yo no sabía que ella era una gran golfista, lo único que

> sabía era que siempre sonreía, y mi meta es ser así también. Ahora, cuando firmo autógrafos siempre hago un dibujo de una sonrisa al lado de mi nombre... Incluso cuando no gano quiero darle a la gente una sonrisa[10].

Se dice que una sonrisa es la mejor forma de mejorar el aspecto. Esa también es una de las mejores cosas que puedes hacer por los demás. ¡Pasa una sonrisa!

UNA SONRISA NO CUESTA NADA, PERO CREA MUCHAS COSAS.

ANÓNIMO

LÉEME, PAPI

> **Corona de los viejos son los nietos,**
> **y la honra de los hijos, sus padres.**
>
> *Proverbios 17:6*

Sus ojos se humedecieron con espontáneas lágrimas cuando Nicole saltó a su regazo y se acomodó en su pecho. Su cabello recién lavado y seco, con olor a limón, le tocaba suavemente la mejilla. Con sus claros ojos azul verdoso, la niña le miró la cara con expectación, le dio el confiable y desgastado libro de cuentos para niños y le dijo:

—¡Léeme, papi! ¡Léeme!

«Papi» James se ajustó sus lentes, se aclaró la garganta y comenzó a leer el conocido cuento. Ella se sabía las palabras de memoria y con toda emoción «leía» junto con él. De vez en cuando él se saltaba alguna palabra y ella lo corregía educadamente diciendo:

—No, papi, eso no es lo que dice. Vamos a leerlo otra vez para que lo entendamos bien.

Ella no tenía ni la menor idea de cómo su pureza le producía una gran emoción en su alma, y cómo su sencilla confianza en él lo conmovía. James tuvo una niñez muy distinta, caracterizada por una difícil existencia que se hizo aun más difícil a causa de un padre distante e imperativo. Su padre le ordenaba salir a trabajar al campo desde el amanecer hasta el atardecer, desde que tuvo cinco años de edad. A veces los recuerdos de su infancia le seguían causando ira y dolor.

No obstante, su primera nieta ha traído a su vida una alegría y luz que desbanca a su propia niñez. Él le devuelve amor y fe con una gentileza y devoción que hace que el mundo de ella esté sano y salvo más allá de toda medida. Su relación está forjada para toda una vida. Para Nicole, constituye un fundamento de por vida, para James, sana un pasado lleno de dolor.

—¡Léeme, papi! ¡Léeme!

James Dobson lo resume muy bien cuando dice: «Los niños no son unos invitados imprevistos en nuestro hogar»[11].

EL MUNDO AVANZA SOBRE LOS PIES DE LOS NIÑOS PEQUEÑOS.

HERBERT HOOVER

Sin palabras

Como ocurre con mucho monumentos conmemorativos, el de Franklin Delano Roosevelt en Washington, D.C. llegó a ser realidad después de años de debate. Los grupos feministas demandaban que se le diera el apropiado reconocimiento a Eleanor. Los activistas en pro de los discapacitados creían con pasión que FDR debía mostrarse en su silla de ruedas. Uno tras otro, los debates continuaban con pleno vigor. Al final, a pesar de toda la controversia, el monumento llegó a su término.

El monumento conmemorativo da testimonio de que el presidente Roosevelt y su esposa Eleanor sirvieron a los Estados Unidos durante algunos de sus años más oscuros. Tiene un diseño muy adecuado porque a medida que los visitantes se aproximan no hay nada que realmente se destaque. Todo lo que uno ve es una plana pared de granito, quizá de unos seis metros de altura, con una sencilla cita de FDR. Pero eso es apenas el principio.

HONRAD A TODOS.

1 PEDRO 2:17

El monumento se extiende directamente desde la entrada. Después de rodear la pared los visitantes se mueven de área en área, cada una de ellas marcada por una inmovilidad y quietud únicas. Cada una de las sucesivas áreas está creativamente apartada de la anterior, constituyendo un tributo por derecho propio. Los visitantes se hallan contemplando esculturas del tamaño real de hombres y mujeres que están en línea, leyendo citas que censuran el salvajismo de la guerra, mirando a los ojos de Eleanor Roosevelt y finalmente, levantando la vista para ver más alla a FDR en su silla de ruedas con su perro terrier escocés a su lado.

La fuerza del monumento conmemorativo proviene de su capacidad de atraer al visitante a la presencia de la apasionada creencia de un hombre en servir a su país. El monumento impacta porque hace que cada visitante sea más consciente de la increíble responsabilidad que implica el liderazgo, no solo de los presidentes, sino de todas las personas.

Siempre que tengas dudas acerca de tu propósito, recuerda las palabras de Martin Luther King, hijo: «Todo el mundo puede ser grande porque todo el mundo puede servir».

UNA VELA NO PIERDE NADA POR ENCENDER OTRA VELA.

PROVERBIO

¡SIENTE EL PODER!

En una ocasión se citaron las siguientes palabras del papa Juan XXIII: «A menudo ocurre que me despierto en la noche y comienzo a pensar en un problema grave, y decido contárselo al papa. Entonces, al despertarme por completo recuerdo que yo soy el papa».

Demasiadas veces nos imaginamos que la solución de nuestros problemas, la cura para nuestras enfermedades y la garantía de nuestra felicidad la tiene alguien o algo fuera de nosotras mismas. ¿Pero realmente tenemos tan poco poder?

TODO LO QUE ES VERDADERO, TODO LO HONESTO, TODO LO JUSTO, TODO LO PURO, TODO LO AMABLE, TODO LO QUE ES DE BUEN NOMBRE; SI HAY VIRTUD ALGUNA, SI ALGO DIGNO DE ALABANZA, EN ESTO PENSAD.

FILIPENSES 4:8

Martha Washington, que creía lo contrario, afirmaba: «He aprendido por experiencia que la mayor parte de nuestra felicidad o nuestra miseria depende de nuestra disposición y no de nuestras circunstancias. Dentro de nosotras llevamos las semillas, en nuestra mente, dondequiera que vamos».

Piensa en ello. ¿En qué medida cambiaría tu vida si supieras que tenías dentro de ti las semillas de tu felicidad esperando y anhelando florecer dondequiera que se lo permitieras? De las palabras de la madre Teresa, en su libro *A Gift to God*, podemos aprender cómo dejar que esas semillas broten y se vean:

Todos anhelamos el cielo donde está Dios, pero tenemos en nuestro poder estar en el cielo con Él ahora mismo, y estar felices con Él en este mismo momento. Pero ser feliz con Él ahora significa:

- amar como Él ama,
- ayudar como Él ayuda,
- dar como Él da,
- servir como Él sirve,
- rescatar como Él rescata,
- estar con Él durante las veinticuatro horas,
- tocarlo a Él en su doloroso disfraz.

LA FELICIDAD NO ES UN DESTINO, SINO UN VIAJE.

ANÓNIMO

El primer día de San Valentín

Nosotros le amamos a Él,
porque Él nos amó primero.

1 Juan 4:19

La mayoría de la gente se sorprendería al saber que el día de San Valentín no tenía la intención de celebrar un romance con regalos de flores y chocolates. Era un día para honrar una clase diferente de amor.

Valentín era un sacerdote cristiano que vivía cerca de Roma en un período en el que los cristianos eran castigados por rechazar a los dioses romanos. La leyenda dice que durante esa persecución, Valentín ayudaba a los cristianos a escapar de la cárcel. Fue descubierto, arrestado y enviado a juicio donde le preguntaron si creía en los dioses romanos. Él declaró que esos dioses eran falsos, y siguió diciendo que Dios era el único y verdadero Dios, a quien Jesús llamaba «Padre».

Valentín fue encarcelado, pero eso no lo detuvo para continuar con su ministerio. Incluso los guardias de la prisión comenzaron a escuchar su testimonio. Uno de ellos era el padre adoptivo de una niña ciega, a quien el sacerdote ofreció su amistad durante el tiempo que ella esperaba en la cárcel mientras su padre trabajaba.

Cuando el emperador romano oyó de la persistente adoración que Valentín ofrecía a su Dios, ordenó su ejecución. En los días anteriores a su muerte, Valentín se ofreció para orar por la hija del carcelero, y ella recobró la vista milagrosamente cuando él murió. Como resultado toda la familia del carcelero, cuarenta y seis personas, creyó en el único Dios, y toda fue bautizada.

San Valentín sabía a cada paso del camino que sus actividades pondrían en peligro su vida, pero continuó porque amaba a Dios y a la gente. Su amor merece ser honrado e imitado cada día del año.

EL AMOR
COMO UNA ROSA,
ES LA ALEGRÍA
DE TODA LA TIERRA.

CHRISTINA ROSSETTI

DILO OTRA VEZ

En el año 1954, Sylvia Wright escribió una columna para el *Atlantic* en la que inventó el término *mondegreen*, una palabra en clave para las frases de canciones que se entienden erróneamente. Escribió acerca de haber escuchado la siguiente canción folclórica escocesa: «El bonito conde de Morray»:

Oh, tierras altas y tierras bajas,
¿Dónde han estado?
Al conde de Murray han matado
Y en la verde pradera lo han enterrado.

ASÍ SERÁ MI PALABRA QUE SALE DE MI BOCA; NO VOLVERÁ A MÍ VACÍA, SINO QUE HARÁ LO QUE YO QUIERO, Y SERÁ PROSPERADA EN AQUELLO PARA QUE LA ENVIÉ.

ISAÍAS 55:11

Al escuchar erróneamente la última línea como: «y la condesa Mondegreen», se entristeció mucho al pensar que decía que el conde y la condesa habían muerto. Desde luego, después se disgustó al saber que esa no era en absoluto la letra de la canción. Pero en aquel momento sí que tenía sentido de esa forma.

Desde entonces, los coleccionistas de *mondegreen* han estado al tanto para encontrar malentendidos más nuevos y más cómicos, tales como los siguientes:

- En la canción «America the Beautiful», un joven patriota entendió: «Oh, bella por los ciervos espaciosos» en lugar de: «Oh, bella por los cielos espaciosos».
- Otra persona consideró un poco incómoda la frase al cantar en una canción de Navidad: «el ganado sopla al bebé», en lugar de: «Allá lejos en un pesebre».
- Una fan del Club Mickey Mouse, cuando el elenco cantó «Mantén por siempre su estandarte en alto, pensó que la estaban animando a sostener sus pañales en alto!»[12]

No es de extrañar que con toda nuestra estática y clamor terrenales, a veces pensemos que estamos cantando la letra correcta cuando no es así. Pero si comenzamos cada día en tranquila conversación con Dios, su Palabra nos llega clara y con volumen. Es imposible que entendamos erróneamente las letras de Dios.

SE NECESITA UN GRAN HOMBRE PARA QUE HAYA UN GRAN OYENTE.

ARTHUR HELPS

CONDUCIENDO EN LA NOCHE

Una mujer le confesó a una amiga su confusión y duda acerca de una decisión muy importante a la que se enfrentaba. Aunque profesaba creer en Dios, no podía llegar al punto de confiar en su fe para que la ayudara a escoger el camino.

—¿Cómo puedo saber que estoy haciendo lo debido? —preguntó—. ¿Cómo puedo creer que mi decisión sea buena cuando ni siquiera puedo ver el mañana?

LÁMPARA ES A MIS PIES TU PALABRA, Y LUMBRERA A MI CAMINO.

SALMO 119:105

Después de pensar por un momento, su amiga finalmente le dijo:

—Yo lo veo de la siguiente manera: Cuando conduces por una oscura carretera sin que haya ninguna luz que te dé la más mínima idea de dónde estás, te da un poco de miedo, ¿verdad? Pero tú confías en las luces delanteras de tu auto. Ahora bien, puede que esas luces solamente te estén mostrando unos metros de carretera delante de ti, pero puedes ver por dónde vas en ese corto tramo de carretera. A medida que lo cruzas, las luces te muestran otro corto tramo, luego otro y luego otro, hasta que al fin llegas a tu destino sana y salva.

»Así siento yo que es el vivir por fe. Quizá no pueda ver el mañana, la siguiente semana o el próximo año, pero sé que Dios me dará la luz necesaria para ver por dónde voy cuando la necesite.

CUANDO LLEGAS AL EXTREMO
DE TODA LA LUZ QUE CONOCES
Y ESTÁS A PUNTO DE ADENTRARTE
EN LA OSCURIDAD
DE LO DESCONOCIDO,
LA FE ES SABER QUE OCURRIRÁN
UNA DE ESTAS DOS COSAS:
ALLÍ HABRÁ ALGO SÓLIDO
SOBRE LO CUAL APOYARTE,
O TE ENSEÑARÁN A VOLAR.

BARBARA J. WINTER

UNA OBRA EN PROCESO

**Porque somos hechura suya,
creados en Cristo Jesús para buenas obras,
las cuales Dios preparó de antemano
para que anduviésemos en ellas.**

Efesios 2:10

Hace muchos siglos, un joven artista griego llamado Timanthes estudió bajo la tutoría de un respetado maestro. Después de varios años de esfuerzo, Timanthes pintó una exquisita obra de arte. Es lamentable, pero quedó tan cautivado por su cuadro que pasó días mirándolo.

Una mañana, al llegar descubrió que su obra tenía manchas de pintura. Su maestro admitió haber destruido el cuadro diciendo: «Lo hice por tu propio bien. Ese cuadro estaba retrasando tu proceso. Comienza de nuevo y comprueba si puedes hacer algo mejor».

Timanthes aceptó el consejo de su maestro, y produjo *El sacrificio de Ifigenia*, considerado en la actualidad como uno de los mejores cuadros de la antigüedad[13].

El maestro de Timanthes sabía lo que saben los grandes artistas: «Nunca deberíamos considerar que ya hemos terminado nuestra obra».

Cuando el legendario Pablo Casals llegó a los noventa y cinco años de edad, un periodista le preguntó:

—Señor Casals, con noventa y cinco años usted es el más grande violonchelista que haya existido jamás. ¿Por qué sigue practicando seis horas cada día?

—Porque creo que estoy progresando —respondió Casals.

Maya Angelou aplica esa misma lógica a la rutina diaria. En su libro, *Would't Take Nothin' for My Journey Now,* escribe: «Muchas cosas continúan sorprendiéndome, aun cuando estoy bien entrada en la sexta década de mi vida. Me sorprendo o me desconcierto cuando las personas se acercan a mí y me dicen que son cristianas. Enseguida respondo con la pregunta: "¿Ya?" A mí me parece que intentar vivir la vida cristiana es un esfuerzo que toma toda una vida»[14].

¡Cuán emocionante es ser una obra en progreso! Con la ayuda de Dios ¡nuestras posibilidades son ilimitadas!

EL LÍMITE ES EL CIELO.

MIGUEL DE CERVANTES

FINA PORCELANA CHINA

Un día, a la caza de antigüedades, una coleccionista se fijó en una hermosa taza de té y su plato. El delicado conjunto sobresalía entre las demás piezas de porcelana que se exhibían. Al tomar la taza y examinarla con cuidado, descubrió una pequeña imperfección en el fondo. Mientras la sostenía en sus manos pensaba en lo qué podría haber causado el defecto.

> HE AQUÍ QUE COMO EL BARRO EN LA MANO DEL ALFARERO, ASÍ SOIS VOSOTROS EN MI MANO, OH CASA DE ISRAEL.
>
> JEREMÍAS 18:6

Años antes, mientras visitaba la tienda de un alfarero, había visto cómo él escogía un pedazo de barro para trabajarlo y comenzaba a golpearlo una y otra vez hasta que llegaba a su punto adecuado. Le daba forma, lo pintaba y lo cocía, convirtiéndolo en una hermosa pieza artesanal que mirarían con admiración, a la vez que sería una pieza útil.

En las manos del alfarero, el barro, inútil en su forma original, se convertía en algo bello, fuerte y útil. La mujer pensó en su propia vida con todos sus defectos y, sin embargo, Jesús estuvo dispuesto a darse en sacrificio para que ella pudiera tener una buena vida con Él. Antes de ser salva su corazón había tenido muchos lugares desiguales y llenos de grumos, pero Jesucristo, el Maestro Artesano, comenzó su obra de dar forma y moldear concentrándose con amor aun en los más mínimos detalles. Esa vasija humana fue entonces hecha adecuada para servirle a Él, al llenarla amorosamente hasta rebosar con la obra purificadora del Espíritu Santo.

Cuando la coleccionista se acercó al mostrador para comprar el conjunto de té, susurró la siguiente oración: «Señor, ayúdame a no olvidar nunca aquello de lo que me salvaste, el precio que pagaste y la esperanza que tengo de estar un día en la exposición celestial como una fina pieza digna de ti».

LA GRACIA ES EL AMOR QUE DA,
QUE AMA A LO FEO Y SIN ATRACTIVO,
Y A LO ANTIPÁTICO.

OSWALD C. HOFFMANN

VIAJE EN LA MAÑANA

Judy podía tomar la autopista para ir al trabajo cada mañana y llegar al instante con los nervios deshechos, casi antes de estar del todo despierta. Como no le gustan las autopistas, toma una ruta que va por el interior y rodea varios lagos de la comarca. Así comienza su día con imágenes mentales de amaneceres, flores y personas en distintos momentos de su caminar y correr.

Ella siente que la naturaleza es la atracción, y una oportunidad para que las persona de la capital disfruten de un poco de tranquilidad. La velocidad más lenta le proporciona la ocasión de ver un pequeño grupo de ciervos u observar a los patos y los gansos marcharse durante el invierno, y regresar para anidar en la primavera. Ella reconoce y observa a las personas que ya están fuera de sus casas cuando empieza a amanecer para caminar o trotar.

«No sé si mi día de trabajo es mejor porque inicio despacio mis tareas en lugar de hacerlo apresuradamente», reflexiona Judy. «Algunas mañanas no veo ni una sola cosa de las que la naturaleza tiene para ofrecer, porque el día que tengo por delante se niega a esperar a que yo llegue a él, y me paso todo el viaje haciendo en mi mente listas de cosas para hacer. Pero lo que sí sé es que cuando tomo el tiempo

ESTE ES EL DÍA QUE HIZO JEHOVÁ; NOS GOZAREMOS Y ALEGRAREMOS EN ÉL.

SALMO 118:24, RV-60

para mirar las rosas que hay a lo largo del camino, me siento más vigorizada, como nuestras madres querían que estuviéramos con un abundante desayuno, guantes y gorros»[15].

¡Tomarnos unos cuantos momentos para dar gracias a Dios por las glorias de la creación hará que cada día comience con una mejor nota!

LAS HERMOSAS FLORES
SON LAS SONRISAS DE LA BONDAD DE DIOS.

SAMUEL WILBERFORCE

POR TUS FRUTOS

Amor, gozo, paz, paciencia, benignidad, bondad, fe, mansedumbre, templanza; contra tales cosas no hay ley.

Gálatas 5:22-23

Con estas palabras, la madre Teresa explicó toda una vida de servicio:

> Solo puedo amar a una persona a la vez. Solo puedo alimentar a una persona a la vez. Solo una, una, una. Así que, comienza... yo comienzo. Escojo a una persona. Si no lo hiciera así, quizá escogería a 42.000[16].

Cuando murió, el mundo entero se lamentó y guardó luto.

Algún tiempo antes de su muerte, un profesor universitario les pidió a sus alumnos que nombraran personas a las que considerasen verdaderamente dignas de llevar el título de «líder mundial». Aunque surgieron diferentes nombres en la lista, el de la madre Teresa ocupaba el primer lugar.

Los alumnos escribieron las siguientes afirmaciones acerca ella:

> Ella trasciende al amor normal.

> Ella tiene una capacidad de dar que me hace avergonzar de mis actos egoístas.
>
> Lo más sobresaliente acerca de ella es que nunca se cansa de su trabajo, nunca experimenta el «estar quemada», como les ocurre a muchas otras personas. Solamente espero que yo pueda estar tan satisfecho con mi vida como ella lo está con la suya.

Aunque ninguno de los estudiantes la conocía personalmente, reconocían que ella causó un profundo impacto en cada una de sus vidas. ¿Cómo? Por su amor. Ella aceptó la oportunidad de cumplir cabalmente sus tareas. ¿Podemos nosotras hacer menos que eso?

La próxima vez que tengas la oportunidad de ser amable recuerda sus palabras: «No es la cantidad de cosas que hagamos, sino la cantidad de amor que pongamos en lo que hacemos»[17]. ¡Qué emocionante es saber que cada una de nosotras puede *ponerle suficiente amor a lo que hace,* si así lo decidimos, para ser una «madre Teresa» al menos para otra persona!

Quién sabe lo que ocurriría si todas nosotras comenzáramos a hacerlo.

QUITA EL AMOR, Y NUESTRA TIERRA SE CONVIERTE EN UNA TUMBA.

ROBERT BROWNING

¿PUEDO TOMAR SU PEDIDO?

Algunas veces, la única solución para un día difícil es un cono de helado doble, si te gustan los helados, claro está. Una fanática de los helados describió un reciente problema a la hora de pedir su capricho en la ventana de una heladería de esas que sirven en el auto.

ENTONCES ME INVOCARÉIS, Y VENDRÉIS Y ORARÉIS A MÍ, Y YO OS OIRÉ.

JEREMÍAS 29:12

Ella se acercó en su auto hasta el micrófono para hacer su pedido. Como esa heladería tenía demasiados sabores como para ponerlos todos en la carta de menús, los clientes tenían que preguntar si estaba disponible algún sabor especial. El dependiente preguntó:

—¿Puedo tomar su pedido?

—¿Tienen glaseado de mantequilla hoy? —preguntó ella. Era su sabor favorito desde que era niña, y cada vez se hacía más difícil encontrarlo.

—No, lo siento... —¿podemos ofrecerle algún otro sabor?

La frustración de la comunicación desde el auto.

—¿Qué otros sabores tienen? —volvió a preguntar.

Haciendo una pausa el asistente dijo:

—Bueno... ¿cuál *quiere*?

—¡*Quiero* glaseado de mantequilla! —dijo sin poderse contener.

Era inútil. Pero decidida a encontrar ese sabor condujo otros cuatro kilómetros hasta la siguiente heladería, y se aproximó a la ventana con optimismo.

—¿Puedo tomar su pedido? —le dijo el dependiente.

—Sí. ¿Tienen hoy glaseado de mantequilla?

Después de una larga pausa, el camarero respondió:

—¿Qué? ¿Glaseado de mantequilla?

Es muy desalentador sentir que nadie escucha nuestras necesidades. Pero qué bendición es saber que Dios no solo comprende cada uno de nuestros deseos, sino que también los conoce incluso antes que nosotras. Filipenses 4:6 nos anima con estas palabras: «Por nada estéis afanosos, sino sean conocidas vuestras peticiones delante de Dios en toda oración y ruego, con acción de gracias». Bajo su cuidado estamos seguras de que nuestras necesidades serán suplidas.

AQUELLOS QUE SABEN CUÁNDO YA TIENEN SUFICIENTE, SON RICOS.

PROVERBIO CHINO

¿QUIERES UN CAMBIO?

Un conferencista contó la historia de una paciente en su consulta de consejería que odiaba su trabajo y creía que le estaba arruinando la vida. Pero a lo largo de la terapia, ella parecía no estar en absoluto dispuesta a mejorar su situación. Cuando él le sugirió que buscara un nuevo trabajo, ella se quejó de que no había buenos trabajos en su pequeña ciudad. Él le preguntó si había considerado la posibilidad de buscar un trabajo en la ciudad más cercana, que estaba a unos veinte kilómetros de distancia. Ella dijo que necesitaría un auto para viajar esa distancia, y que no lo tenía. Cuando el terapeuta le ofreció un plan para comprar un auto económico, ella se opuso diciendo que eso no daría resultado. ¡porque de todas formas no había lugar para aparcar en la ciudad vecina!

PORQUE NO NOS HA DADO DIOS ESPÍRITU DE COBARDÍA, SINO DE PODER, DE AMOR Y DE DOMINIO PROPIO.

2 TIMOTEO 1:7

Se dice que en la vida hay tres cosas seguras: la muerte, los impuestos y el cambio. Si miras a tu alrededor notarás que la mayoría de la gente puede manejar mejor la muerte y los impuestos que el cambio. Pero sin este nunca sabremos lo maravillosos que pueden ser los planes que Dios tiene para nosotras.

El temor al cambio proviene del temor a la pérdida, aunque lo que perdamos nunca nos haya gustado. Si estás batallando hoy con el cambio en tu vida, tómate un momento para llevar tus temores ante el Señor. Teniendo fe en su guía, ¡el cambio puede conducir a una bendición!

**NUESTRAS VERDADERAS BENDICIONES
A MENUDO APARECEN ANTE NOSOTROS
EN FORMA DE DOLORES, PÉRDIDAS Y DESENGAÑOS;
PERO TENGAMOS PACIENCIA Y PRONTO LAS VEREMOS
EN SUS VERDADERAS FORMAS.**

JOSEPH ADDISON

LA FE ES UN VERBO

Es, pues, la fe la certeza de lo que se espera,
la convicción de lo que no se ve.

Hebreos 11:1

En su libro *You Can't Afford the Luxury of a Negative Thought*, John Roger y Peter McWilliams dan una nueva descripción de fe, para presentar su perspectiva anticipada acerca de la confianza en los resultados de la vida.

Según su forma de pensar, la fe trabaja en el presente, reconociendo que existe un propósito para cada cosa, y que la vida se desarrolla y despliega tal como debe hacerlo. Es confiar activamente en que Dios es capaz de manejar nuestros problemas y necesidades mejor que nosotros. Lo único que tenemos que hacer es soltarlos para que Él pueda llevar a cabo su obra.

«LAS DOS CAJAS»

Tengo en mis manos dos cajas
Que Dios me entregó.
Me dijo: «Pon todas tus tristezas en la negra,
Y todas tus alegrías en la dorada».

Yo hice caso a sus palabras, y en las dos cajas
Mis alegrías y tristezas almacené,
Y aunque la dorada se hacía más pesada cada día,
La negra seguía siendo tan ligera como antes.
Con curiosidad abrí la caja negra,
Pues quería saber la razón.
Y vi en el fondo un agujero
Por el que toda mi tristeza salió.
Le mostré el agujero a Dios, y prorrumpí en alta voz:
«Me pregunto dónde podrían estar todas mis tristezas».
Él me sonrió con una amable sonrisa.
«Hijo mío, todas ellas están aquí, conmigo».
Yo le pregunté: «Dios, ¿por qué me das las cajas,
Por qué la dorada, y la negra con el agujero?».
«Hijo mío, la dorada es para que cuentes tus bendiciones,
y la negra para que las dejes salir»[18].

LA CONFIANZA IMPLICA SOLTARTE Y SABER QUE DIOS TE AGARRARÁ

JAMES C. DOBSON

VER CON EL CORAZÓN

María era una bondadosa maestra que simplemente quería «amar mejor» a los niños de la clase que tenían trastornos emocionales. Ella podía tolerar mucho, pero Danny le estaba agotando la paciencia. Antes había sido fácil amarlo cuando él intentaba hacerse daño a sí mismo en lugar de a los demás. Y, aunque tenía solo siete años de edad, realmente le dolía cuando él la golpeaba.

DA, PUES, A TU SIERVO CORAZÓN ENTENDIDO.

1 REYES 3:9

Durante muchos meses Danny se metía en su mundo privado e intentaba golpearse la cabeza contra las paredes cada vez que se enojaba. Pero ahora estaba «progresando» ya que en lugar de apartarse le daba golpes a María.

—¿Progresando? —exclamaba María—. ¿Cómo que es progreso para él querer hacerme daño?

—Cuando Danny era pequeño abusaron de él en repetidas ocasiones —explicó la psicóloga de la escuela—. Él solo ha conocido a adultos que le hicieron daño, o que simplemente no prestaban atención a sus necesidades básicas. No ha tenido a nadie en quien confiar, nadie que le abrazara, nadie que secara sus lágrimas cuando lloraba o que le preparara comida cuando tenía hambre. Ha sido castigado sin ningún motivo. Está progresando porque por primera vez en su vida confía en un adulto lo suficiente como para demostrar su enojo en lugar de autodestruirse. Tú eres esa persona adulta digna de confianza, María.

Al oír esa explicación, María, exclamó con sus ojos llenos de lágrimas:

—¡Ya veo!

Y a medida que la comprensión surgía, su enojo desaparecía.

John Ruskin escribió: «Cuando el amor y la capacidad trabajan juntos hay que esperar una obra de arte»[19].

Algunas veces el progreso parece eludirnos, pero Dios es fiel para continuar la buena obra que ha comenzado en nuestras vidas. Si abrimos los ojos de nuestro corazón, veremos su mano trabajando en medio nuestro.

HAZ LO QUE PUEDAS,
CON LO QUE TENGAS DONDE ESTÉS.

THEODORE ROOSEVELT

ARMONÍA PERFECTA

El difunto Leonard Bernstein, director de orquesta, compositor, maestro y abogado, puede muy bien ser la figura más importante en la música estadounidense del siglo XX. Con su personalidad y pasión por su tema favorito, inspiró a generaciones de nuevos músicos, y enseñó a miles que la música debería ser una parte integral en la vida de todos.

Como figura pública, Bernstein fue más allá de la vida misma. Su atractivo y persuasión eran contagiosos. Mientras que su carrera progresaba, constantemente lo buscaban para que actuara, diera conferencias y para otros tipos de apariciones.

Pero se dice que en sus últimos años una de las causas por las que su vida personal se erosionó, fue la relación pobre con sus amistades. Llegó un momento en que tenía pocos amigos íntimos. Después de su muerte uno de los comentarios de un conocido suyo durante muchos años fue: «uno quería ser su amigo, pero había tantas personas que buscaban su atención que al final la mayor manifestación de amistad que se le podía brindar era dejándolo solo»[20].

NO DEJES A TU AMIGO.

PROVERBIOS 27:10

La evidencia científica ahora nos demuestra lo importantes que son las amistades, no solo para nuestra salud emocional sino también para nuestra salud física y mental. Pero esas relaciones tan atesoradas son una calle de dos direcciones. Los siguientes son unos cuantos consejos para mantener las amistades en su lugar:

- Conoce lo que les gusta y lo que les disgusta a tus amigos.
- Recuerda sus cumpleaños y aniversarios.
- Muestra interés en sus hijos.
- Sé sensible a sus necesidades.
- Mantente en contacto con ellos por teléfono.
- Expresa lo que te gusta sobre la relación que tienes con otra persona.
- Sirve a tus amigos tanto de maneras planeadas como inesperadas.[21]

Los buenos amigos son regalos de Dios. ¿Hay alguien a quien deberías llamar hoy?

LA AMISTAD ES UNA PLANTA QUE DEBE REGARSE A MENUDO.

PROVERBIO ALEMÁN

LA DOCTORA SIMPSON Y EL BAILE

Y ha puesto en su corazón
el que pueda enseñar.

Éxodo 35:34

La alegre música llenaba el aire a la vez que los universitarios se mezclaban entre ellos, compartían risas y bailaban. En ese momento la doctora Simpson se acercó a Rob y le preguntó:

—¿Por qué no estás bailando con todos los demás?

—Porque no quiero que se rían de mí —respondió.

—¿Qué te hace pensar que ellos van a estar mirándote? —comentó enseguida con algo más que una chispa de risa en su voz. Ella era así, rápida para desafiar las suposiciones de sus alumnos, pero de tal manera que inducía a la reflexión y el autoexamen en lugar de producir dolor y vergüenza.

Respetada y admirada profesora de inglés, la doctora Simpson esperaba mucho de cada alumno. A pesar de que era dura, sus clases siempre estaban llenas. Fueron intercambios como aquel los que hicieron que Rob viese su vida desde una perspectiva distinta a la suya. Al obtener mayor percepción iba teniendo más confianza en sí mismo y era menos estirado. La doctora Simpson no lo ayudó, lo *obligó* a desarrollarse como alumno y como persona. Ella era el epítome de una maestra.

Una escritora dijo: «El maestro debe ser capaz de discernir cuándo empujar y cuándo consolar, cuándo castigar y cuándo alabar, cuándo desafiar y cuando retraerse; cuándo animar a correr riesgos y cuándo proteger»[22]. Todo eso era lo que la doctora Simpson hacía regularmente, y es el tipo de maestros que necesitamos. Dios por lo regular nos da a cada una de nosotras nuestra propia y única doctora Simpson, y muchas veces más de una.

¿Puedes recordar a tus profesores favoritos? ¿Te desafiaban a superarte? ¡Gracias a Dios que lo hicieron!

UNA BUENA PALABRA NO CUESTA MÁS QUE UNA MALA.

PROVERBIO INGLÉS

CESTA DE AMOR

Cada jueves Jean, una jubilada, salía a visitar a las personas que tenía en su lista. Algunos de ellos residían en asilos de ancianos, y otros solos en sus casas. Agradecida porque aún podía conducir, Jean llenaba de bananos o de flores una cesta de mimbre, y algunas veces incluía un casete grabado con el servicio dominical de su iglesia. Y sobre todo, la llenaba de mucho amor y preocupación por los demás.

A menudo se sentaba al lado de la cama de una débil señora y, aunque ella no respondiera, la trataba con ternura como si oyera y comprendiera cada palabra. Hablaba sobre temas de actualidad, leía las Escrituras, oraba y luego le daba un beso de despedida, y le decía: «Hasta la próxima semana».

A medida que sus amigas fueron falleciendo, Jean sentía nostalgia, pero nunca dejó de servir al Señor. Sencillamente encontró nuevas amigas y siguió compartiendo el amor de Dios hasta que Él la llamó a su hogar.

CORONA DE HONRA ES LA VEJEZ QUE SE HALLA EN EL CAMINO DE JUSTICIA.

PROVERBIOS 16:31

Así como una resistente cesta se utiliza para suplir varias necesidades prácticas, Jean llenaba su corazón y su vida de amor para los demás. Con el tiempo y el mucho uso, las cestas pueden llegar a desgastarse, pero Dios continúa usando a sus hijos para ayudar a otras personas mientras estemos dispuestos a llevar de su amor. Ya sea que ministremos a los demás mediante la oración, supliendo necesidades físicas, enviando tarjetas, o simplemente llamando por teléfono, podemos seguir sirviendo.

Jean no se limitaba simplemente a creer en Dios, y vivía su fe compartiendo la cesta del amor de Él con todas aquellas personas que la rodeaban.

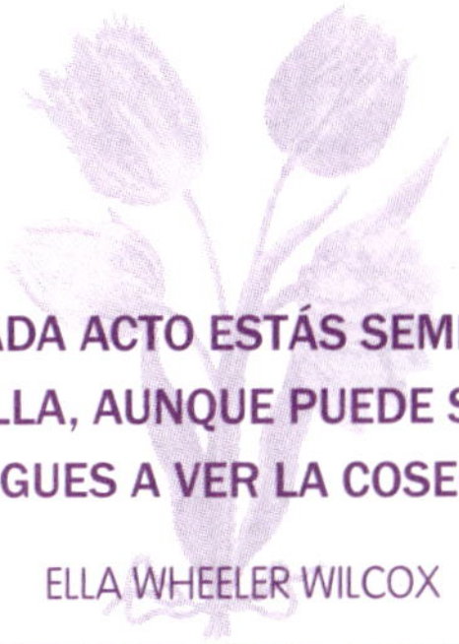

CON CADA ACTO ESTÁS SEMBRANDO UNA SEMILLA, AUNQUE PUEDE SER QUE NO LLEGUES A VER LA COSECHA.

ELLA WHEELER WILCOX

El jardín de las celebridades

Finalmente Sherry limpió un lugar en el patio de su casa para realizar el sueño de muchos años: sembrar un rosal. Al hojear un catálogo de rosas, suspiró ante la magnitud de las que elegía. *Es igual que una lista de deseos para Navidad*, pensó. *¿Cuáles debería escoger? ¿Una blanca John F. Kennedy, una grande y rosada Peggy Lee, una roja, el señor Lincoln, o la delicada rosa Queen Elizabeth?*

Sherry cerró los ojos como si reflexionara profundamente. De repente, tuvo una idea: *Plantaré mi propio jardín de celebridades.*

Al día siguiente se apresuró a ir a la tienda donde compró una docena de rosas, de todos los colores y tamaños. Trabajó muy duro aquella semana plantando con todo cuidado cada rosa. Por fin, su tarea estaba hecha, y decidió hacer una fiesta e invitar a todas sus amigas para que la ayudaran a celebrar su jardín de celebridades.

YO SOY LA ROSA DE SARÓN... COMO EL LIRIO ENTRE LOS ESPINOS, ASÍ ES MI AMIGA ENTRE LAS DONCELLAS.

CANTAR DE LOS CANTARES 2:1-2

Imagina la gran sorpresa cuando sus amigas observaron cómo ella revelaba los nombres de las celebridades que había puesto a cada una de las rosas. Una a una, ellas leyeron sus propios nombres al lado de las flores. Las celebridades en el jardín de Sherry no eran otras sino sus amigas, pero en la mitad del fragante ramo, una de las rosas seguía siendo un misterio.

Ella destapó la etiqueta que decía: «Rosa de Sarón», y dijo: Esta es el Amor de mi vida, y es el centro de todo lo demás.

Mil «celebridades» reclaman nuestro tiempo y atención. Las relaciones, al igual que un jardín sano, necesitan generosas dosis de amor y afirmación. Cuando Cristo es el centro de nuestros afectos, todos los demás amores se situarán en su lugar.

¿Quiénes son tus celebridades en el jardín de tu vida?

QUIEN QUIERA TENER HERMOSAS ROSAS EN SU JARDÍN, DEBE TENER HERMOSAS ROSAS EN SU CORAZÓN.

DEAN HOLE

RAMOS ESPONTÁNEOS DE ROSAS

«De gracia recibisteis, dad de gracia».

Mateo 10:8

Melanie leyó con cuidado las sugerencias. «Ponga juntos los colores que contrastan, como el melocotón con el azul. O inténtelo con el rojo, blanco y azul para obtener una capa brillante y patriótica. Si lo prefiere, aclimate los bulbos incorporándolos al hábitat natural de su jardín. Esto funciona bien si vive en una zona arbolada y herbosa».

Ella agarró sus herramientas de jardinería y se puso a trabajar, plantando algunos en círculo y otros en filas. Reservó un puñado de bulbos de varios tamaños y, al igual que una madre esconde los huevos de Pascua para el hijo lleno de expectación, los lanzó aquí y allá al azar en la hierba, y dondequiera que aterrizaban cavaba un hoyo y los plantaba.

Pasaron las semanas y Melanie se olvidó de los bulbos incluyendo sus escondites secretos. Un día de la temprana primavera salió a su jardín y vio tallos verdes que brotaban de la tierra. En las semanas siguientes su jardín parecía un mágico jardín de las maravillas. Al pasearse de un lado a otro por el terreno, se dio cuenta de que lo más divertido era ver los bulbos surgir de entre el escenario natural, al lado de los árboles en medio de una herbosa cuesta, o agrupados en un rincón. La naturaleza había realizado su mágica labor y había recompensado los ya olvidados esfuerzos de Melanie con una cosecha de hermosas flores.

Las obras cristianas son como los bulbos en el jardín de Melanie. Plantamos algunas de forma deliberada y ordenada. Otras, debido a la naturaleza semejante a Dios que está plantada en nosotras, surgen de nuestras vidas de forma natural como regalos de amor espontáneos para aquellos que nos rodean. Esos coloridos ramos crecen en los lugares más inesperados, y «algo de Dios» nos bendice verdaderamente no solo a nosotras, sino a los demás, de la manera más bella.

JAMÁS UN COPO DE NIEVE CAE EN EL LUGAR EQUIVOCADO.

ZENO

LEÑO DE NAVIDAD

Tu nombre, Señor, es eterno;
tu memoria, Señor,
por todas las generaciones.

Salmo 135:13, LBLA

Ocurría alrededor de la segunda semana de diciembre cada año. Mamá abría su cofre de cedro y con alegría comenzaba a rebuscar entre sus más preciadas posesiones materiales. Con mucho cuidado sacaba una a una las cosas que tenían mayor significado para ella. Focos, ornamentos, oropeles, y muchas cosas brillantes y fragantes renovaban la época de Navidad año tras año.

Había un objeto especial que siempre se situaba sobre la repisa de la chimenea, y que transformaba el hogar. Era un leño de Navidad cubierto de hisopo artificial y bayas de acebo hechas a mano que tenía un espacio en el centro para una vela. Una cinta de satín de color rojo brillante que estaba grapada al final del leño realzaba su belleza.

Cada año, la familia tenía la tradición de hablar del leño de Navidad y recordar lo que significaba cada parte de su decoración. El leño en sí significaba la celebración del nacimiento de Cristo. El hisopo, una hierba aromática que se usaba en los antiguos sacrificios hebreos. La hermosa cinta roja de satín significaba la sangre de Cristo derramada por nuestros pecados. Las bayas de acebo representaban el crecimiento, una abundante provisión. Y la vela brillaba como un amoroso recordatorio de que Cristo es la Luz del mundo.

Algunas veces en lo rutinario, algunas veces en nuestras tradiciones y algunas veces en nuestras celebraciones podemos encontrar el fundamento de nuestra fe. En este caso, un simple leño, unas cuantas hojas verdes, algunas viejas bayas y una cinta hecha jirones cuentan la perenne historia del infinito amor de Dios.

**EL AMOR DE DIOS
POR NOSOTROS
SE PROCLAMA
CON CADA AMANECER.**

ANÓNIMO

VIDAS COMO FLORES DE ESPUELAS DE CABALLERO

CANTAD AL SEÑOR UN CÁNTICO NUEVO; CANTAD AL SEÑOR, TODA LA TIERRA. CANTAD AL SEÑOR, BENDECID SU NOMBRE; PROCLAMAD DE DÍA EN DÍA LAS BUENAS NUEVAS DE SU SALVACIÓN. CONTAD SU GLORIA ENTRE LAS NACIONES, SUS MARAVILLAS ENTRE TODOS LOS PUEBLOS.

SALMO 96:1-3 (LBLA)

Pauline malinterpretó las instrucciones para plantar semillas de espuelas de caballero, y las puso demasiado juntas. Cuando las plantas brotaron de la tierra se parecían a la diminuta punta de las zanahorias. Se veían muy caprichosas, y ella no tuvo el valor de cortarlas lo suficiente como quizás debió haberlo hecho.

A pesar de su fortuito estilo de jardinería, Pauline descubrió que las espuelas de caballero brotaban y crecían abundantemente. Cuando una ligera brisa soplaba entre las plantas, ella estaba segura de oír risitas de alegría porque las espuelas sabían que Dios había creado su belleza.

Sus largos tallos formaban un coro de cantantes color rosa, azul, blanco, violeta, y en ocasionales salpicaduras cantantes de color lila. El coro de espuelas cantaba una nueva canción de alabanza que deleitaba el alma de Pauline. Las flores tienen la hermosa capacidad de entonar canciones para los ojos en lugar de hacerlo para los oídos. Las espuelas se elevaban altas y verticalmente erguidas como batutas musicales llenas de trinos de notas coloreadas a lo largo de todo su tallo.

Cuando Pauline cortó las más maduras para secarlas, salieron y florecieron aun más espuelas. Las flores siguieron cantando alabanzas en su jardín hasta bien pasadas las primeras y ligeras heladas del otoño.

Nuestro caminar cristiano puede ser como la vida de una espuela de caballero. Podemos cantar diariamente canciones de alabanza a nuestro Señor. Podemos esforzarnos para hacer que nuestra vida de fe sea un testigo visible de las obras maravillosas de Dios.

¿Pueden los demás oír tu canto?

¡OH, QUE MILES DE LENGUAS CANTEN LAS ALABANZAS DE MI GRAN REDENTOR!

CHARLES WESLEY

EL PODER DE LAS FLORES

Porque no nos atrevemos a contarnos
ni a compararnos con algunos que se alaban
a sí mismos; pero ellos, midiéndose a sí mismos
por sí mismos, y comparándose
consigo mismos, no son juiciosos.

2 Corintios 10:12

Los jardines Butchart son una de las más famosas atracciones turísticas en Victoria, Columbia Británica. La elaborada exhibición se remonta al año 1904 cuando Jenny Butchard decidió transformar parte de la cantera de piedra caliza de su esposo en un jardín hundido. Hoy está abierto durante todo el año y también incluye una impresionante colección botánica de imponente belleza.

Cuando uno camina entre esos encantadores terrenos, es imposible escoger la exhibición más sobresaliente. Las plantas obviamente están sanas y bien atendidas, y cada una proporciona distintos y coloridos brotes que, aún contribuyen de manera significativa al diseño y esquema generales.

De igual manera, parte de nuestro crecimiento espiritual ocurre para que nos fijemos en la importancia que tenemos en el jardín de Dios, especialmente cuando ejercitamos los talentos y capacidades que Él nos ha dado. Muchas personas se sienten inferiores con sus propios dones, y se comparan con los demás de manera desfavorable. Sin embargo, Dios diseña a personas diferentes al igual que ha creado varios tipos de flores. El lirio y la rosa tienen cada uno sus propios rasgos. De hecho, cada brote tiene sus características únicas. Los tulipanes, las lilas y los jacintos no son iguales, y sin embargo, cada tipo de flor añade una fragancia y belleza particulares a cualquier arreglo floral.

Lo mismo ocurre en la vida. Toma unos momentos para hacer inventario de tus dones. Luego pídele al Espíritu Santo que te guíe. A través de su poder tú puedes causar una diferencia en la vida de otras personas al igual que en la tuya propia.

LA VERDADERA TRAGEDIA DE LA VIDA NO CONSISTE EN ESTAR LIMITADOS A UN SOLO TALENTO, SINO EN NO USAR ESE ÚNICO TALENTO.

EDGAR W. WORK

EL VALOR DE LAS FLORES SILVESTRES

«Considerad los lirios, cómo crecen; no trabajan,
ni hilan; mas os digo, que ni aun Salomón
con toda su gloria se vistió como uno de ellos.
Y si así viste Dios la hierba que hoy
está en el campo, y mañana es echada
al horno, ¿cuánto más a vosotros, hombres de poca fe?»

Lucas 12:27-28

Cada primavera, las flores silvestres brotan en abundancia en un lugar de Idaho llamado «Cráteres de la luna». Alimentadas por la nieve fundida y lluvias ocasionales, las flores primaverales salen en la roca de lava que dejó un antiquísimo volcán. Es un asombroso espectáculo ver los pequeños y delicados capullos de las flores silvestres llenarse de vida entre las enormes y ásperas rocas.

Los espectadores pueden seguir senderos por entre las rocas de lava para descubrir los sorprendentes lugares que las diferentes clases de flores encuentran para poder crecer. El lapso de vida de las frágiles flores puede ser tan breve como un solo día si los ardientes vientos del desierto soplan en la zona. Aun cuando no hay vientos, el máximo tiempo que sobreviven es aproximadamente tres semanas.

Cuando Jesús enseñaba a sus seguidores, a menudo se sentaba en los campos. Es posible que estuviera sentado en una colina de Judea, entre las flores silvestres de primavera, cuando señaló a los lirios y animó a los que se preocupaban a no ser ciegos ante el hecho de que Dios cuida de toda su creación, incluso de una efímera flor silvestre. Si Él cuida de ellas sin duda cuidará de nosotras.

¿Cómo evitamos las preocupaciones? Aumentando la fe en nuestro Dios que nos ama. Comenzando cada día enfocadas en Él, no en nuestros temores, y recordando su amoroso cuidado aun de la breve vida de una flor silvestre.

UN DÍA DE PREOCUPACIÓN
ES MÁS AGOTADOR QUE UN DÍA DE TRABAJO.

SIR LOHN LUBBOCK

Lecciones de la vida

Sabes que lo que hiciste estuvo mal, ¿verdad? Las palabras resonaban en la mente de Sandra cuando regresaba a su casa de la escuela aquella tarde. Ella era una buena estudiante que nunca en su vida había hecho trampa. Sin embargo, esa última tarea era tan difícil que en un momento de desesperación copió el trabajo de una compañera.

Su maestra, la señorita Wallace, le había pedido que se quedara después de clase, y Sandra sabía lo que le esperaba. A pesar de ello cuando su maestra le preguntó si de verdad era su trabajo, Sandra estuvo muy incómoda.

—Sí —respondió Sandra, preguntándose después por qué había mentido.

Mirándola a los ojos la señorita Wallace le dijo atentamente:

—Sabes que lo que hiciste estuvo mal, ¿verdad? Esta noche piensa en tu respuesta y mañana te volveré a preguntar si este trabajo es el tuyo.

Esa fue una larga noche para Sandra, alumna de tercer año de bachillerato, con una bien merecida fama de ser honesta y amable. Nunca antes había engañado, y ahora había agravado su error mintiendo deliberadamente, y a alguien a quien admiraba y quería. A la mañana siguiente llegó a la puerta del aula de la señorita Wallace mucho antes de que las clases comenzaran, y tranquilamente confesó su

SIGUIENDO LA VERDAD EN AMOR.

EFESIOS 4:15

engaño. Recibió las correspondientes consecuencias, un cero en la tarea y la primera y única detención.

Años más tarde, Sandra a menudo pensaba en aquella experiencia y sentía gratitud por la amorosa corrección por parte de alguien a quien respetaba. La señorita Wallace estuvo dispuesta a ayudarla a escoger de manera honesta, aun cuando acababa de hacer una elección deshonesta. Para Sandra eso fue una lección de la vida acerca de hacerse responsable de los errores del pasado y escoger la honestidad sin importar las consecuencias.

LA HONESTIDAD ES EL PRIMER CAPÍTULO DEL LIBRO DE LA SABIDURÍA.

Thomas Jefferson

UN FUNDAMENTO FIRME

«Descendió lluvia, y vinieron ríos, y soplaron vientos,
y golpearon contra aquella casa;
y no cayó, porque estaba fundada sobre la roca».

Mateo 7:25

La torre más alta del mundo está en Toronto, Ontario, Canadá. El primer mirador tiene trescientos cuarenta y seis de altura, y el segundo quinientos cincuenta y tres. Fotografías e información situadas dentro de la torre ayudan a los visitantes a apreciar la enorme empresa que supuso el proyecto. Sesenta y dos toneladas de tierra y esquisto se quitaron del suelo hasta una profundidad de más de quince metros para echar el cemento que se eleva hasta el cielo.

Desde 1972 a 1974 tres mil obreros trabajaron en la torre. Sostenidos con cuerdas de seguridad, algunos de ellos se bamboleaban en el exterior del gigante para terminar su trabajo. Hay que anotar que durante la construcción no hubo ningún herido ni muerto.

En la actualidad, un rápido elevador transporta a los visitantes hasta arriba para que tengan una asombrosa vista de la ciudad y sus áreas circundantes. Muchos creen que valió la pena invertir todo el dinero, el tiempo y esfuerzo requeridos para construir la torre CN.

Nosotras también necesitamos un buen fundamento para enfrentarnos a la vida cada día. A medida que oramos y pasamos tiempo con nuestro Padre celestial estamos fortaleciendo nuestro fundamento espiritual, la base que nos sostendrá durante toda la vida. Podemos ver más desde su punto de vista y no solo desde el nuestro. De esta manera no nos sentimos abrumadas por cualquier cosa que nos salga al encuentro. Cuando sintamos que estamos colgando del borde, o que estamos suspendidas en el aire, podemos armarnos de valor sabiendo que Él nos tiene agarradas, firmemente plantadas, en la palma de su mano. Su fundamento es fuerte y seguro, y Él no se derrumbará ni caerá.

NUESTRA FORTALEZA CRECE DE NUESTRA DEBILIDAD.

RALPH WALDO EMERSON

FE DE JARDINERA

Un fin de semana del Día de los Trabajadores, el esposo de Shannon le construyó una gran jardinera. Con mucho cuidado, ella escogió y compró doscientos bulbos de la mejor calidad. Luego llenó la jardinera con la mezcla perfecta de tierra, fertilizante y turba. Después pasó horas plantando los bulbos en un bonito diseño.

CUANDO ME ACUERDE DE TI EN MI LECHO, CUANDO MEDITE EN TI EN LAS VIGILIAS DE LA NOCHE. PORQUE HAS SIDO MI SOCORRO, Y ASÍ EN LA SOMBRA DE TUS ALAS ME REGOCIJARÉ. ESTÁ MI ALMA APEGADA A TI; TU DIESTRA ME HA SOSTENIDO.

SALMO 63:6-8

Durante el largo invierno de Idaho, Shannon pensaba en sus tulipanes, narcisos y jacintos. Si seguían el plan de Dios y esperaban su tiempo perfecto, pasarían de ser matas marrones y apagadas a coloridas celebraciones de la primavera.

Mantener nuestra fe en Dios durante los tiempos de inactividad obligatoria es similar a un bulbo en estado latente que está plantado en una jardinera. En ciertos momentos de nuestra vida, puede que nos veamos obligadas a detener toda la actividad y tomarnos tiempo para sanar. En lugar de estar acostadas en nuestra cama, irritadas por nuestras circunstancias, lo único que necesitamos es esperar y descansar.

Para un bulbo, estar latente es la solución de la naturaleza para atravesar los momentos de dificultad o las condiciones meteorológicas difíciles. El regalo que Dios nos da del descanso es su manera de ayudarnos a atravesar las condiciones de salud difíciles. Todos los bulbos almacenan alimento para poder pasar esos períodos de latencia. Nosotras podemos usar nuestros momentos de latencia para alimentar nuestras almas plantando nuestros corazones en el fértil terreno de las Escrituras.

Así como los bulbos esperan a la primavera, nosotras podemos descansar en las promesas de Dios mientras esperamos que se produzca nuestra recuperación. Podemos mirar al futuro, a la segura celebración de la vida a través de Cristo. Solo Él traerá a nuestras almas los colores de la primavera.

SOLO ESPERA EN ÉL. AL HACERLO,
SEREMOS DIRIGIDOS, APROVISIONADOS, PROTEGIDOS
CORREGIDOS Y RECOMPENSADOS.

VANCE HAVNER

CONSUELO EN EL VALLE

Hace varios años, después de la prematura muerte de su hijo menor, Fran tuvo que aprender acerca de la confianza en Dios. A veces se sentía abandonada, sola, y otras aun enojada por Dios haber permitido que su hijo de diecisiete meses sucumbiera a la meningitis bacteriana. Se hizo todo lo médicamente posible, pero nada sirvió.

Con el tiempo, Dios la fortaleció con el conocimiento de que su hijo está con Él y que ambos se reunirán algún día. El Señor había llamado a Fran a alentar a los demás, aun en medio de su propio dolor y duda, y a ayudarlos a comprender que aunque nuestros seres queridos siempre estarán en nuestro corazón, nuestro enfoque sigue estando en el Señor Jesucristo.

AUNQUE ANDE EN VALLE DE SOMBRA DE MUERTE, NO TEMERÉ MAL ALGUNO, PORQUE TÚ ESTARÁS CONMIGO; TU VARA Y TU CAYADO ME INFUNDIRÁN ALIENTO.

SALMO 23:4

Fran había leído a menudo el Salmo 23, pero nunca había llegado a entenderlo de verdad, hasta que visitó Israel y vio el áspero terreno que David y los rebaños atravesaban. Muchas de las grietas en las colinas rocosas son tan estrechas y profundas, que el sol nunca brilla en el fondo de ellas, y siempre están en sombras. Si alguien llegara a caer en ellas el resultado sería la muerte segura, ya que el rescate sería práticamente imposible. El cayado de David lo ayudaba a caminar con pasos seguros, y con la vara se defendía de los animales salvajes. Sobre todo, llegó a darse cuenta cabal de la provisión de Dios.

A través de los tiempos de valles en nuestra vida, nosotras también podemos estar seguras de que no estamos solas. Su presencia es real. Jesús permanecerá ahí en medio de todo el dolor y los cambios en las situaciones. Nada es más consolador.

DIOS ESTÁ MÁS CERCANO A AQUELLOS CUYO CORAZÓN ESTÁ QUEBRANTADO.

PROVERBIO JUDÍO

COSECHA ABUNDANTE

Cada uno debe velar no sólo por sus propios intereses sino también por los intereses de los demás. La actitud de ustedes debe ser como la de Cristo Jesús.

Filipenses 2:4-5, NVI

Como a Dorothy no le era permitido tener un huerto en el exterior de la casa adosada que alquilaban, se le ocurrió una magnífica idea. Decidió comprar grandes macetas y sembrar un huerto con recipientes en su patio. Una tarde, mientras se relajaba en el patio, su esposo dijo:

«¡Mira! Nuestra vecina ya tiene tomates. ¿Por qué nosotros no?»

Para asombro de Dorothy, la vecina tenía una gran abundancia de gordos y verdes tomates que cubrían su parra. Mientras tanto lo único que había crecido en su huerto eran las diminutas flores amarillas que prometían fruto.

Dorothy había consentido su planta situándola con cariño encima de los peldaños de su caja para tomates, a medida que iba creciendo. La había regado adecuadamente y había movido las macetas para que recibieran la mejor luz del sol. Sin embargo, todo lo que había conseguido eran abundantes ramas.

Dorothy miró sus libros de horticultura y descubrió que tenía que quitar los brotes de las plantas que eran tallos. Separarlos ayuda a la planta a enfocar su energía en producir fruto en lugar de limitarse a crecer en longitud.

Muchas de nosotras somos como la planta de tomate de Dorothy. Nos encanta mostrar las abundantes hojas de nuestros puntos de vista espirituales. Nos enorgullecemos de la manera en que subimos por las parras del incrementado conocimiento bíblico. ¿Pero solo *prometemos* fruto, o aplicamos a nuestros actos lo que hemos aprendido? ¿Enfocamos nuestra energía en producir fruto de calidad?

Cuando nos despojamos de nuestro egoísmo y nos concentramos en Cristo, podemos producir incluso una abundante cosecha de fruto para la gloria de Dios.

EL YO ES LA ÚNICA CÁRCEL QUE PUEDE ATAR EL ALMA.

HENRY VAN DYKE

CUANDO LA FE TAMBALEA

Una mañana temprano, Jill estaba sentada en su escritorio examinando las facturas del día anterior. Cálidos rayos de sol primaveral atravesaban la ventana de su dormitorio desde donde podía ver el jardín trasero.

Por el rabillo del ojo, Jill se fijó en una pequeña mariposa marrón que pasaba, o al menos eso era lo que parecía. Unos cuantos segundos después se volvió para mirar a la ventana y vio que la mariposa no se había posado en ninguna planta, pero en cambio, parecía estar extrañamente suspendida en el aire. Sus alas se agitaban indefensas, pero el insecto volador no podía moverse.

Perpleja, Jill salió para mirar más de cerca. Brillando ante la luz del sol, al igual que una escalera de perlas formada por gotas de rocío, colgaba una red casi invisible. Durante la noche, otra de las criaturas de la naturaleza, y uno de los enemigos de la mariposa, había tejido una mágica red para atrapar a sus víctimas.

VOSOTROS QUE SOIS ESPIRITUALES, RESTAURADLE CON ESPÍRITU DE MANSEDUMBRE.

GÁLATAS 6:1

Jill observó brevemente la lucha hasta que las alas de la mariposa se quedaron inmóviles. Extendiendo su mano, sacó con cuidado al insecto de los hilos mortíferos de la araña. Al principio, la mariposa parecía aturdida, y cayó al suelo. Con mucha cautela Jill, la agarró del suelo y la levantó hacia el cielo volviendo a liberar sus alas. Esta vez, se elevó al aire alejándose por encima de la valla.

Cualquiera puede caer en las enredadas telarañas del engaño. Creemos una mentira, seguimos al líder inadecuado, o confundimos nuestras prioridades, y la desilusión se apodera de nosotras. Cansadas de la lucha, con nuestra fe tambaleando, podemos perder fácilmente las fuerzas para volar. En ese punto, una mano tierna y firme puede que sea lo único que necesitemos para ayudarnos a liberar nuestras frágiles alas y a remontarnos de nuevo en nuestro camino celestial.

UNA MENTIRA VIAJA POR TODO EL MUNDO, MIENTRAS QUE LA VERDAD SE PONE LOS ZAPATOS.

PROVERBIO FRANCÉS

FLORES DE BENDICIONES

Las notas de Bill y de Casey eran tan parecidas que la facultad les pidió a los dos hablar en la noche de graduación en la escuela secundaria Valley. En su discurso, Bill se jactaba de haber llegado hasta donde estaba mediante sus propios esfuerzos. Por veinte minutos enumeró sus éxitos y honores durante sus años de estudios, y terminó enfatizando lo mucho que se merecía ese honor.

Casey, una alumna callada y de voz suave, dio las gracias a cada uno de los profesores que habían contribuido en su educación. Después dio los nombres de amigos y familiares que la habían influido y apoyado en muchos momentos de desánimo.

¿QUÉ ACCIÓN DE GRACIAS PODREMOS DAR A DIOS POR VOSOTROS, POR TODO EL GOZO CON QUE NOS GOZAMOS A CAUSA DE VOSOTROS DELANTE DE NUESTRO DIOS?

1 TESALONICENSES 3:9

«Ellos son las verdaderas estrellas, dijo. Ellos creyeron en mí cuando yo no tenía fe, ellos me desearon el éxito cuando yo no era capaz de soñarlo. Pero sobre todo, quiero dar gracias a mi Dios, que me ha dado la gracia de llegar hasta aquí». Luego continúo diciendo: «Con sus amigos, sus seres queridos, y la ayuda de Dios, ustedes también pueden realizar su sueño. El año próximo ingresaré a la universidad para prepararme para enseñar. Aunque a menudo quise tirar la toalla, esos héroes nunca lo hicieron. Nunca podré corresponder a su generosidad y bondad».

Mientras una íntima amiga empujaba la silla de ruedas de Casey bajando la rampa, todo el cuerpo estudiantil le daba una gran ovación.

Oswald Chambers dice: «Dondequiera que recibas una bendición de Dios, devuélvesela a Él como un regalo de amor... si la retienes para ti, se convertirá en una seca podredumbre espiritual... una bendición... debe ser devuelta a Él para que pueda hacer de ella una bendición para otros».

Al igual que un labrador agradecido, Casey había tomado sus «flores» de bendiciones y las había devuelto a todos aquellos que le habían ayudado a cultivarlas.

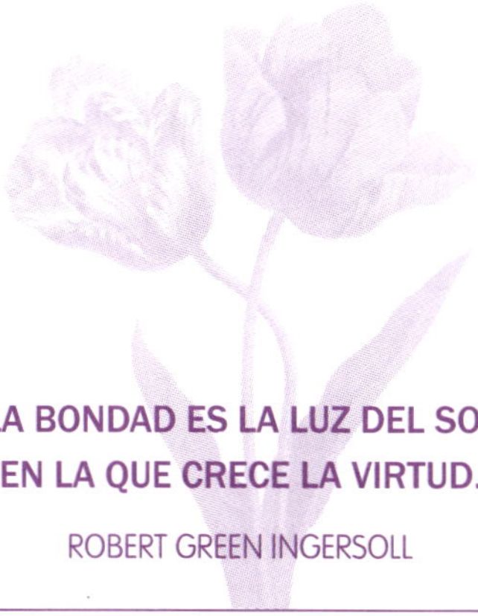

LA BONDAD ES LA LUZ DEL SOL EN LA QUE CRECE LA VIRTUD.

ROBERT GREEN INGERSOLL

UNA PLANTITA SOLITARIA

No dejando de congregarnos, como algunos tienen por costumbre, sino exhortándonos; y tanto más, cuanto veis que aquel día se acerca.

Hebreos 10:25

En un otoño, Margaret decidió poner un ramillete de flores al lado de su puerta de entrada. Después de que la primera helada las congelara, ella sacó las flores de alhelí, dalia y zinnias y las puso en el montón de abono vegetal. Después añadió fertilizante y lo mezcló con la tierra.

El siguiente mes de abril, cuando limpió la suciedad que los vientos invernales habían llevado hasta el macizo, descubrió una solitaria plantita de alhelí que batallaba por crecer en un rincón. El débil y largo tallo se inclinaba hacia el sol como si fuera un patético clamor por ayuda. Margaret no podía imaginarse cómo la semilla se las arregló para germinar después de todo lo que ella había cavado durante el otoño.

Margaret trasplantó la solitaria plantita a otro tiesto junto con otra igual. La planta creció fuerte y radiante dentro del conjunto de las demás.

Al igual que la solitaria plantita nosotras solas no podemos alcanzar todo nuestro potencial. Sin estar unidas a un cuerpo de creyentes el crecimiento espiritual puede producirse solo en un aspecto, o puede ser erróneo. La planta trasplantada trabajó junto con las demás para atraer a las abejas y las mariposas, lo cual permitió que cada una de ellas se beneficiara. De la misma manera, los creyentes son responsables de ayudarse y animarse los unos a los otros, para el beneficio de todos.

Unirnos con los demás fortalece nuestra fe, amplía nuestras experiencias y refresca nuestras almas. Eso nos mantiene espiritualmente sanas. Cuando nos sintamos aisladas o nos alejemos de los demás, quizás nuestra solitaria plantita necesite un amoroso trasplante.

BENDITA ES LA INFLUENCIA DE UN ALMA VERDADERAMENTE AMOROSA SOBRE OTRA.

VÍCTOR HUGO

Feria de jardín

Cuando la hija de Pat necesitaba apoyo económico para salir a trabajar al campo misionero en Hong Kong, tuvo una idea: ¿Por qué no organizar una «Feria de jardín en el campo», cobrar la entrada y dar el importe de la recaudo para el viaje misionero? Cuatrocientos invitados llegaron para disfrutar de la asombrosa belleza de las amapolas, las espuelas de caballero, las malva locas, y otras flores en su jardín inglés en el campo de cuatro acres. Al año siguiente, en la segunda feria, el número de invitados se triplicó. Pat hizo honor a su compromiso inicial entregando el importe de la recaudación a las misiones.

SERÁN COMO UN JARDÍN BIEN REGADO, Y NO VOLVERÁN A DESMAYAR.

JEREMÍAS 31:12, NVI

Tiempo después, aprovechó el gran interés que había por su jardín para organizar un evento evangelístico. Ella deseaba que los que no fueran creyentes conocieran a Dios, y que los que ya lo eran tuvieran una relación más cercana con Él. Los invitados admiraban las flores de brillantes y vivos colores mientras escuchaban himnos y música clásica, leían versículos de las Escrituras que estaban situados a lo largo del recorrido, y se impregnaban de la paz y la serenidad de la creación de Dios. La Feria de jardín, que comenzó como una manera de suplir una necesidad, floreció como una creativa manera de plantar semillas espirituales en numerosas vidas.

Debido a que la vida comenzó en el primer jardín con Adán y Eva trabajando la tierra, casi sentimos una atracción a volver a nuestras raíces. De una misteriosa forma, nos sentimos como en casa cuando cavamos y plantamos. Debido al amor de Pat por los jardines, por Dios y por la gente, ahora muchas otras personas pueden también esperar el día en que estén paseando por las tierras de su hogar celestial.

¡TAN LEJOS COMO UNA PEQUEÑA LLAMA LANZA SUS RAYOS! ASÍ BRILLA UNA BUENA OBRA.

WILLIAM SHAKESPEARE

CORAZONES DE ZANAHORIA

Cuando Peggy se trasladó desde Missouri a Idaho, sabía que necesitaba información acerca del cultivo en las montañas.

«El mejor negocio es cultivar tubérculos», le dijo una nativa de Idaho. «Patatas, remolacha, cebollas y zanahorias, ese tipo de verduras».

Siguiendo el consejo Peggy plantó sus semillas normales de zanahorias ignorando totalmente los problemas que esperaban bajo tierra. No sabía que las piedras por lo regular se abren paso por entre la tierra de la montaña, y pensaba que sus vecinas bromeaban cuando decían: «Es un lugar buenísimo para plantar. ¡Aquí cultivamos hasta piedras!».

«EL HOMBRE BUENO, DEL BUEN TESORO DE SU CORAZÓN SACA LO BUENO; Y EL HOMBRE MALO, DEL MAL TESORO DE SU CORAZÓN SACA LO MALO; PORQUE DE LA ABUNDANCIA DEL CORAZÓN HABLA LA BOCA».

LUCAS 6:45

Al cosechar sus zanahorias, Peggy hizo un desalentador descubrimiento: sus pobres zanahorias se habían abierto paso torciéndose entre las rocas, intentando crecer con todo su pequeño corazón de zanahoria. La mayoría salían de la tierra con el aspecto de un brillantes sacacorchos color naranja.

Mientras colocaba sus zanahorias de forma tan curiosa en un cubo, Peggy pensó en las personas cuya apariencia en público parece ser tan buena, pero que exhiben sus retorcidos corazones dondequiera que hablan.

Peggy se preguntaba: *¿Son mis palabras cosas buenas que he atesorado, o son dañinas?*

¿Animo a otros y pronuncio palabras de verdad que he plantado en mi corazón como resultado de pasar tiempo diario en la Palabra de Dios? ¿O son mis palabras destructivas porque salen de un corazón lleno de crítica?

En silencio le pidió a Dios que le ayudara a enfrentar con toda sinceridad las dañinas piedras que estaban ocultas en su corazón, y estuvo dispuesta a examinarse a sí misma y a realizar cambios, pero también se daba cuenta cabal de su necesidad de la ayuda de Dios. El lugar perfecto para comenzar fue de rodillas en el huerto.

NADA ES IMPOSIBLE PARA UN CORAZÓN DISPUESTO.

JOHN HEYWOOD

¡CIEN AÑOS!

**Yo sembré, Apolos regó, pero Dios
ha dado el crecimiento. Así que no cuenta
ni el que siembra ni el que riega, sino sólo Dios,
quien es el que hace crecer. El que siembra
y el que riega están el mismo nivel,
aunque cada uno será recompensado
según su propio trabajo.**

1 Corintios 3:6-8 NVI

Mientras Cheryl organizaba su pedido de semillas recién llegado, halló también un bono gratis de semillas de cactos. Le dio vuelta al sobre para leer las instrucciones para plantarlo: «Las semillas germinarán en un período aproximado de uno a cien años».

«¡Cien años!», exclamó en voz alta. «Se necesitaría una carretilla llena de fe para sembrar esas semillas. Pero también la fe es lo que motiva a la mayoría de los jardineros. Pocas vivimos para ver cómo una plantita de árbol crece hasta llegar a su plenitud. No tenemos forma de saber si seguiremos viviendo en el mismo lugar cuando florezcan nuestras plantas bianuales, y sin embargo, lo planeamos, plantamos, y tenemos fe en nuestro trabajo».

Para algunos cristianos ha sido igual desde que Jesús nos dio la «Gran comisión» diciéndonos que plantáramos semillas de fe por todo el mundo. Somos parte de un equipo que trabaja para Dios. Puede que seamos las personas que planten la semilla del Evangelio en el corazón de alguien, o quizá seamos los que la rieguen. Si la fe germina en un corazón y crece un discípulo, el logro no es nuestro, sino del Espíritu Santo. Quizá ni siquiera estemos presentes para disfrutar de la cosecha.

Cheryl plantó sus semillas de cactos, pero seguían sin germinar cuando dos años después se cambió de domicilio. Sin embargo, a menudo las recordaba, al igual que a menudo recordaba orar por las semillas de fe que había plantado en los corazones de la gente.

LA MÁS PEQUEÑA SEMILLA DE FE ES MEJOR QUE EL FRUTO MÁS GRANDE DE LA FELICIDAD.

HENRY DAVID THOREAU

LEVÁNTATE Y RESPLANDECE

Janie se despertó sobresaltada al oír la alarma del despertador. Aquel era el tercer día que se despertaba a medianoche... o al menos eso le parecía, aunque en realidad era a la madrugada. Ella no entendía por qué había pasado por esa angustia, que parecía especialmente vaga y sin ningún valor en los momentos antes de que su cabeza reposara sobre la almohada.

«¡No!», gritó de nuevo, volviéndose a despertar. Había prometido que lo haría, y lo iba a hacer así tuviera que pasarse el resto del día malhumorada por la falta de sueño. Se dirigió al baño, medio tambaleándose, se lavó la cara y bajó las escaleras con cuidado. Ya en el piso de abajo, puso a hacer café y se sentó a la mesa de la cocina. Originalmente había comenzado a hacer su meditación en el sofá, solo para descubrir que duraba los cinco minutos en que estaba despierta antes de volverse a dormir. Allí en la mesa, tomó su Biblia, su bloc de notas y un libro de meditaciones. Su actitud mejoró.

«LLEVAD MI YUGO SOBRE VOSOTROS, Y APRENDED DE MÍ, QUE SOY MANSO Y HUMILDE DE CORAZÓN; Y HALLARÉIS DESCANSO PARA VUESTRAS ALMAS».

MATEO 11:29

Una vez despierta, cada momento valía la pena. Tener un encuentro con Dios en las primeras horas de la mañana no le causaba malhumor, como siempre había imaginado, y por el contrario, más bien la revitalizaba y le producía paz. Los primeros momentos de la mañana le daban la oportunidad de ver salir el sol, observar algún que otro pajarillo que pasaba, y disfrutar del silencio de un mundo que aún no había despertado. Necesitó un poco de tiempo para convencer a su propio cuerpo de los beneficios de levantarse tan temprano, pero pronto se convirtió en un hábito. Poco tiempo después, se sentía malhumorada cuando no tenía ese encuentro con Dios en la mañana.

El yugo de Dios *es* ligero. Él *es* el descanso para nuestras almas que pensamos que el sueño debería darnos. Pasar tiempo con nuestro Salvador en las primeras horas de la mañana es mejor que un buen capuchino y el aroma de los huevos y la tocineta. Esta es verdaderamente la mejor parte de nuestro día.

PRESTA ATENCIÓN A LAS AGUAS ESTANCADAS, PUES ENSEGUIDA MUEREN.

GEORGE HERBERT

Problemas con el pastel de manzana

Pelar, quitar el corazón, condimentar y mezclar. Los pasos para hacer el pastel de manzana favorito de Marilyn rodaban por sus dedos sin pausa. La base del pastel estaba preparada en la bandeja esperando el relleno. Todo parecía ir sobre ruedas. Sin embargo, mientras añadía unas cuantas nueces y acomodaba la parte de arriba, dejó escapar un profundo suspiro.

Probablemente estaba bien que aquella fuera una receta familiar. Su mente no estaba en el pastel, sino en una relación problemática que había surgido con una buena amiga. A pesar de los intentos que hacía para resolver el problema, las cosas parecían empeorar cada vez más. *¿Qué hago ahora?* se preguntaba.

Al meter el pastel en el horno, recordó a la conferencista de un seminario que animaba a su audiencia a escribir un diario de oración. Ella decía que por lo regular oraba en voz alta a la vez que escribía sus preocupaciones en un diario, y que ese sencillo ejercicio aclaraba sus problemas y la ayudaba a ver las respuestas de Dios.

Y EL QUE ESTABA SENTADO EN EL TRONO DIJO: HE AQUÍ, YO HAGO NUEVAS TODAS LAS COSAS.

APOCALIPSIS 21:5

Tomó un cuaderno que le habían regalado en Navidad y, sentándose a la mesa de la cocina, comenzó a escribir una carta a Dios derramando su corazón y su dolor por esa problemática relación. Casi sin darse cuenta, sonó la alarma del horno y pudo aspirar el familiar y cálido aroma de las manzanas que llenaba la cocina. Cerró el cuaderno con varias hojas escritas.

Para su sorpresa, Marilyn sentía su corazón descansado. Se dio cuenta de la similitud existente entre el pastel y el diario de oración. Envueltas entre dos capas y sometidas al trabajo del tiempo y del calor del horno, las manzanas seguían siendo manzanas, pero su sabor y textura habían cambiado, y en lugar de ser firmes y crujientes, ahora eran dulces y suaves. De la misma manera, ella había envuelto sus preocupaciones entre capas de oración. Cuando puso el pastel encima del horno, Dios le aseguró que lo único que tenía que hacer era darle tiempo a Él para poder trabajar. Él cambiaría esa deteriorada relación y haría que las cosas volvieran a ser dulces.

LA AMISTAD CONSISTE EN AMAR, Y SER AMADO.

ROBERT SEYMOUR BRIDGES

DESCANSO PROGRAMADO

[Jesús] les dijo: «Venid vosotros aparte a un lugar desierto, y descansad un poco».

Marcos 6:31

Horarios. A veces nos sentimos como si estuviéramos gobernadas por las listas de quehaceres. El calendario de la cocina está repleto de notas. Hacer esto, ir allá, recoger aquello, comprar eso, entregar aquello o enviar por correo esto otro. Y justo cuando creemos que estamos a tope, alguien añade una nueva línea a nuestra lista.

Las investigaciones dicen que, en la actualidad, los estadounidenses están plagados de más problemas de salud relacionados con el estrés que cualquier otra generación de la historia. El estrés es un factor que contribuye a las enfermedades de corazón y la presión arterial, y que se ha vinculado al incremento del colesterol perjudicial y el empeoramiento de la artritis.

¿Cómo podemos evitar que las presiones diarias de la vida se conviertan en estrés que debilita? La solución de Dios siempre ha sido tomar un día para descansar. Volver a los sencillos placeres de la cocina. En tiempos de nuestras bisabuelas la cocina era el centro de la actividad familiar y del descanso. Las comidas familiares se hacían y se compartían alrededor de una mesa común. La conversación era la forma prioritaria de entretenimiento, y no la televisión, la radio o un reproductor de discos compactos con auriculares. Aromas agradables recibían a los miembros de la familia a lo largo del día, y no había nada mejor que el olor de un pollo dorándose en el horno para la cena del domingo.

Así que aparta el frasco de las aspirinas y deja tu hoja diaria de horarios durante un día a la semana. Asegúrate de que todos en la familia sepan que ese será un día de descanso «planificado». Antes de irte a la cama la noche anterior utiliza tus modernos electrodomésticos para que te ayuden a arrancar el día. Pon algunos ingredientes para hacer masa en la máquina de pan, y deja preparado el contador de la cafetera. Te despertarás con el aroma del café recién preparado y pan recién horneado. Esos atractivos aromas harán que quieras deslizarte hasta la cocina para charlar, reír, amar y descansar. Dios y nuestras bisabuelas estarán complacidos.

> **TÓMATE UN DESCANSO.**
> **UN CAMPO QUE HA REPOSADO**
> **DA UNA ABUNDANTE COSECHA.**
> OVIDIO

La fe avanza

—¡Oye! ¡Ciérralo! ¡El fregadero se va a desbordar!

El agudo grito de Ken alertó a Ginny del desastre que se avecinaba a la vez que acudía en su ayuda y cerraba el grifo del agua.

—¿Qué estabas mirando? ¿Están otra vez las ardillas en el comedero de los pájaros?

Ginny había estado mirando por la ventana de la cocina sin observar nada y a la vez observándolo todo inconsciente de lo que estaba pasando dentro de la casa.

—No hay ardillas. Supongo que estaba en la luna —respondió distraídamente.

«VARONES GALILEOS, ¿POR QUÉ ESTÁIS MIRANDO AL CIELO?»

HECHOS 1:11

Entonces fijó su atención en los platos que estaban en el fregadero. Durante días había intentado encontrarle algún sentido a los sentimientos que se arremolinaban en su interior. Comparadas con los problemas de otras personas, sus preocupaciones parecerían ser solamente incomodidades menores, pero para ella, eran abrumadoras. Las finanzas, las relaciones, el trabajo, la salud, la iglesia. Sin importar hacia dónde mirara, allí había problemas, y todos parecían estar fuera de su control. Sus lágrimas se mezclaban con la espuma del jabón mientras terminaba de lavar los platos. Secándose las manos se sentó en una silla de la cocina y susurró: «Señor, ¿qué se supone que debo hacer?».

La respuesta llegó silenciosamente. Cuando los discípulos fueron testigos del regreso de Cristo al cielo, se quedaron mirando hacia arriba sin saber qué hacer. Estaban paralizados por la abrumadora responsabilidad que Él había puesto sobre sus hombros, compartir el mensaje del Evangelio con el mundo. Fue necesario un tierno empujón por parte de uno de los ángeles de Dios para que comenzara a avanzar por el sendero que había sido puesto delante de ellos, se alejaran de sus temores, volvieran a su fe y siguieran el plan de Dios para sus vidas.

Ciertamente, al igual que aquellos discípulos, Ginny había estado paralizada por sus temores. Pidió perdón por haberse centrado en ellos, y aun antes de haber llegado al «amén», tenía ya una dirección... un sendero. Lo único que tenía que hacer era seguir fielmente el plan de Dios. Él se ocuparía del resto.

¿Qué está frenando tus sueños dados por Dios? ¿Tienes temor? Recuerda: el temor paraliza, ¡pero la fe avanza!

**HAY QUIENES PUEDEN CONQUISTAR
A QUIEN CREAN QUE PUEDEN CONQUISTAR.**

RALPH WALDO EMERSON

EL ANILLO PERDIDO

PERO GRAN GANANCIA ES LA PIEDAD ACOMPAÑADA DE CONTENTAMIENTO; PORQUE NADA HEMOS TRAÍDO A ESTE MUNDO, Y SIN DUDA NADA PODREMOS SACAR.

1 TIMOTEO 6:6-7

Cuando Ginger perdió el anillo de zafiro azul oscuro que perteneció a su madre, se sintió devastada. Al morir su madre en noviembre, ella había heredado ese zafiro que tenía veintitrés diminutos diamantes a su alrededor.

Como sus dedos eran más pequeños que los de su madre, había planeado achicar el anillo para que le sirviera. Para mantenerlo seguro, lo había guardado junto con otras joyas en una bolsa de plástico. Después de las vacaciones de Navidad no lo pudo encontrar por ninguna parte, y poco a poco se olvidó de ello.

Cuando el invierno dio paso a la primavera, una amiga planeó realizar una venta de garaje, y Ginger decidió donar un viejo joyero con cajones que ya no necesitaba. Después se dio cuenta de que las joyas de su madre estaban dentro de ese joyero, que ya se había vendido.

Por fortuna, su amiga tenía el número de teléfono de la mujer que había comprado algunas de las joyas. Aliviada, Ginger la llamó, pero para sorpresa suya, la mujer negó tener ninguna de las piezas de valor.

Ginger estaba furiosa, y comenzó a anidar resentimiento en su corazón, hasta que un día su esposo le dijo: «Piensa en que era solo una posesión terrenal. Ya sé que es difícil, cariño, pero déjalo».

Con el corazón dolorido, Ginger por fin puso la situación ante Dios y oró para ser liberada de su enojo.

Pasaron dos años, y un día, la mujer que había comprado las joyas la llamó y le dijo que su madre había muerto, y que debido a que sufría de un dolor de espalda no había podido asistir al funeral. Ella le devolvió el querido anillo junto con las otras joyas de su madre. Poco tiempo después, el dolor de espalda de la mujer comenzó a desaparecer.

¡Cuán a menudo nos aferramos a las cosas materiales! En Filipenses 4:12 Pablo dice: «He aprendido a vivir en todas y cada una de las circunstancias» (NVI). Necesitamos orar por contentamiento con lo que tenemos. La verdad es que no nos llevaremos nada cuando nos vayamos[23].

**SIEMPRE ESTOY CONTENTO
CON LO QUE PASA, PORQUE LO QUE DIOS
ESCOGE ES MEJOR QUE LO QUE ESCOJO YO.**

EPICTETUS

LEGADO EN EL LAVAPLATOS

«Y como queréis que hagan los hombres con vosotros, así también haced vosotros con ellos».

Lucas 6:31

La abuela de Corinna nunca fue a un seminario, pero sí que sabía predicar. Desde su púlpito en el lavaplatos de la cocina daba sermones mientras frotaba los platos de la cena. Su congregación de familiares reunidos trabajaba con ella recogiendo la mesa, secando los platos y guardando las cacerolas y las sartenes.

Corinna quería ser como los niños de la vecina, que devoraban sus comidas, dejaban los platos sobre la mesa y salían por la puerta trasera a jugar. Pero la abuela no permitía nada de eso. Si a Corinna se le llegaba a ocurrir poner alguna excusa para no realizar sus labores, la abuela le respondía con la frase: «Si no trabajas, no comes». Cuando la abuela terminaba su sermón, ya era de noche, y Corinna tenía que esperar hasta el día siguiente para poder jugar con sus amigos. Así aprendió rápidamente a hacer sus labores sin excusas ni quejas pues, si no lo hacía así, la abuela le recordaba que «hiciera todas las cosas sin quejarse».

La abuela parecía tener una frase para cada situación. Si alguien estaba molesto por el trato que había recibido de un amigo, un dependiente o un vecino, ella respondía con: «Haz con los demás como quieras que ellos hagan contigo». O si oía a alguno de los niños planeando hacer alguna travesura, enseguida les decía: «Estén seguros de que su pecado los alcanzará».

Tuvo que pasar mucho tiempo para Corinna descubrir que las perlas de sabiduría de la abuela provenían de la Palabra de Dios. Las palabras de Jesús a sus discípulos eran la respuesta de la abuela para los malos modales. Las palabras de Pablo a los tesalonicenses y los filipenses eran el ánimo de la abuela para que ella realizara sus tareas sin quejarse. Y las palabras de Moisés a los errantes israelitas en el desierto eran la desaprobación de la abuela de las cosas malas.

El ejemplo de la abuela demuestra que cada día los quehaceres pueden utilizarse como una oportunidad para expresar el amor de Dios.

DEBERÍAMOS COMPORTARNOS
CON NUESTROS AMIGOS
COMO QUISIÉRAMOS
QUE ELLOS SE COMPORTARAN
CON NOSOTROS.

ARISTÓTELES

EL TRANQUILO TOQUE DEL SILENCIO

Una noche de sábado la nieve cubrió la ciudad. Al despertarse todo el mundo el domingo en la mañana, vieron que los árboles de hojas perennes tenían una capa de brillante nieve blanca. Parecía que alguien hubiera cubierto cada uno de los tejados de las casas con una mullida manta.

EN DESCANSO Y EN REPOSO SERÉIS SALVOS; EN QUIETUD Y EN CONFIANZA SERÁ VUESTRA FORTALEZA.

ISAÍAS 30:15

Pero aun más asombroso que la hermosa blancura era el penetrante silencio. Los ruidos de la ciudad habían desaparecido. Ningún sonido de bocinas ni de ladridos de perros se escuchaba. Tampoco se escuchaba ningún ruido de autos o de radiocasetes ni de portazos, ni de máquinas funcionando. Todo era silencio y quietud.

Sin embargo, esto no duró mucho tiempo ya que pronto salieron las máquinas quitanieve limpiando y echando sal. El sonido de las palas y de las máquinas se mezclaba con el de los motores de los autos y el rascado de los cristales a medida que los vecinos comenzaron a aparecer. Aquella no era la primera tormenta de nieve de la estación, y tampoco sería la última.

Pero sorprendentemente, aquel toque de quietud en la mañana hizo que todo el mundo tuviera buen ánimo. Incluso el café sabía mejor... más consistente... más caliente. A pesar del duro trabajo de limpiar la copiosa nevada, los vecinos se gritaban saludos unos a otros desde sus patios, acompañados de risas y gritos de alegría. Los adultos y los niños hicieron ángeles de nieve o se enfrentaron a luchar con bolas de nieve. Pronto toda una familia de muñecos de nieve cubrió uno de los prados.

El tranquilo comienzo de la mañana dejó su huella en el resto del día. El ritmo disminuyó por un momento, dándole una oportunidad a la gente para reflexionar, y permitiendo que los vecinos tuvieran tiempo para conectarse con los demás. Y cuando prosiguieron las actividades normales, algunos aún podían permanecer en ese silencio un poco más.

El lunes trajo consigo todo el ruido de una bulliciosa semana, pero también el recuerdo de las palabras de Dios a su pueblo, que en la quietud y en la confianza hallarían fortaleza. Que la quietud de Dios halle un lugar en tu corazón en este día, y que encuentres el gozo que se halla en el silencio. ¡Esa es una bendición mucho mayor que una lucha de bolas de nieve!

LA MENTE GRANDE CONOCE EL PODER DE LA TERNURA.

ROBERT BROWNING

LA PRUEBA DEL HUEVO

¿Has intentado alguna vez leer una receta mientras rompes un huevo sobre una mezcla? Si lo has hecho, y no eres muy experta en ello, ya sabes que no resulta un cuadro muy bonito. Si no mantienes tus ojos fijos en el huevo terminarás teniendo más huevo sobre el mostrador de la cocina que dentro de la vasija en la que estás mezclando. Algunas veces puede que hasta te salgas completamente de la vasija, y el viscoso y pegajoso huevo forme un verdadero desastre derramándose en los armarios y en el piso. ¡Uf! Cualquier cocinera experimentada te dirá que te irá mejor si primero lees la receta y luego mantienes tus ojos fijos en el huevo.

COMO SON MÁS ALTOS LOS CIELOS QUE LA TIERRA, ASÍ SON MIS CAMINOS MÁS ALTOS QUE VUESTROS CAMINOS, Y MIS PENSAMIENTOS MÁS QUE VUESTROS PENSAMIENTOS.

ISAÍAS 55:9

La Biblia está de acuerdo. Bueno, quizá no hable acerca de huevos y de vasijas para mezclar, pero sí habla acerca de las elecciones que hacemos en nuestra vida. Cuando los israelitas acamparon por primera vez en la frontera de la Tierra Prometida, Dios les mandó que hicieran un reconocimiento. Doce hombres fueron enviados para reconocer la tierra y después informar a Moisés acerca de lo que encontraran. Los doce habían visto a Dios liberarlos milagrosamente de la esclavitud. Los doce habían escuchado la promesa de protección de Dios. Los doce habían experimentado la provisión de Dios para su viaje.

Pero solo dos de aquellos hombres se acordaron de Dios y de su fidelidad. Solo dos mantuvieron su enfoque en Él. Los otros diez se distrajeron con las vistas y los olores de Canaán. Diez hombres quitaron sus ojos de Dios y causaron un desastre para los israelitas, que tardaron cuarenta años en solucionarlo. Una mirada no puesta en Dios hizo que los israelitas resbalaran hacia la desobediencia.

Cuando nosotras nos enfocamos en nuestros problemas en lugar de hacerlo en las promesas y las posibilidades de Dios, también estamos listas para resbalar. La Biblia dice que Él no ve las cosas desde nuestra limitada perspectiva. Si queremos que la receta de nuestra vida resulte excelente necesitamos mantener nuestro enfoque en Él. Que la prueba del huevo te sirva de recordatorio. Siempre que rompas un huevo para preparar una receta, mantén tus ojos en él, y recuerda preguntarte si tu corazón está enfocado en Dios.

AL PEDIR LO IMPOSIBLE,
OBTENEMOS LO MEJOR POSIBLE.

PROVERBIO ITALIANO

BELLEZA EN LUGAR DE CENIZAS

[Me ha enviado] que les dé gloria
en lugar de ceniza, óleo de gozo en lugar de luto,
manto de alegría en lugar del espíritu angustiado.

Isaías 61:3

Sentada junto a su redonda mesa de roble de la cocina, Sharon sonreía mientras rociaba el cristal con limpiavidrios. Las palabras del inspirado poema que había escrito para una amiga que se enfrentaba a una operación debido a que tenía cáncer, estaba claramente enfocado. Mas tarde iría a llevarle «comida para el alma».

Mirando hacia afuera, el día gris de diciembre le recordaba un día similar cuando estaba en séptimo grado. Aún podía ver a su profesora de pie ante la pizarra, pidiéndole a la clase que escribiera un poema.

Al ver que la Navidad se acercaba comenzó a escribir. Su poema, muy distinto a los de sus compañeros de clase, trataba sobre el nacimiento del niño Jesús. Se lo llevó a su casa y lo escribió una y otra vez hasta que brilló como si fuera la mismísima estrella de Belén.

—Es maravilloso —le dijo la maestra al día siguiente—. ¿Lo escribiste tú sola?

—Sí, señora —respondió resplandeciente. Después, la maestra leyó el poema a toda la clase. Aquel día, Sharon estaba llena de alegría.

Sin embargo, un par de días después la maestra le pidió hablar con ella en la entrada. Allí, después de haber hablado con otra maestra, la acusó de haber copiado el poema de un libro. Con el corazón partido, Sharon se negó a escribir otro poema, hasta veinticinco años después.

Al llegar ese tiempo, era ya una mujer que había vuelto a escribir como forma de terapia durante varias pruebas difíciles. Un día, cuando también estaba cerca la Navidad, escribió varios poemas de Navidad y los envió a una casa publicadora esperando que fueran rechazados. Algún tiempo después recibió una carta donde le decían que dos de sus poemas habían sido aceptados.

¿Estás desatendiendo tus talentos porque alguien te criticó en el pasado? No dejes que tus dones se conviertan en cenizas. Conviértelos en una corona de belleza para Dios. Sea cocinar, servir, hablar, escribir o hacer algo hermoso con tus manos, hazlo para la gloria de Él.

AQUEL QUE DESCUIDA EL MOMENTO PRESENTE, TIRA TODO LO QUE TIENE.

JOHANN FRIEDRICH VON SCHILLER

UNA VOZ DEL PASADO

Laura estaba batiendo la mezcla para un pastel cuando sonó el teléfono. La voz le dijo: «Hola. Esta es una voz de tu pasado».

Como Laura no reconoció la voz, dijo bromeando: «La voz de quién y de qué pasado?».

ASÍ TEMBIÉN LA FE, SI NO TIENE OBRAS, ES MUERTA EN SÍ MISMA. PERO ALGUNO DIRÁ: TÚ TIENES FE, Y YO TENGO OBRAS. MUÉSTRAME TU FE SIN TUS OBRAS, Y YO TE MOSTRARÉ MI FE POR MIS OBRAS.

SANTIAGO 2:17-18

Oyó carcajadas al otro lado de la línea. La voz dijo: «Soy Carrie». *Claro*, pensó Laura. Carrie había sido uno de los miembros de su grupo de escritores. Ella había escrito ficción muy hermosa que además inducía a reflexionar. Su trabajo era bueno, y si se lo hubiera propuesto, se lo habrían publicado. En cambio, Carrie decidió dar por terminado un matrimonio infeliz y seguir adelante con su vida dejando muy atrás su carrera de escritora.

Carrie dijo con emoción incontenible: «Voy a viajar con unos amigos desde Nueva Escocia hasta Escocia en un barco de vela». Laura, que escuchaba atentamente, se preguntaba: ¿Sería esa la misma Carrie que necesitó tanto apoyo de sus amigos? ¿La misma que se había encerrado en sí misma para sentirse segura en un pequeño caparazón? Para sorpresa suya, ella había cambiado y ahora estaba tomando el control de su vida y haciendo cosas emocionantes. No era en lo más mínimo aprensiva en cuanto a cruzar aguas agitadas, batallar con las náuseas o huir de los tiburones y las ballenas asesinas.

Al concluir la conversación, Carrie dijo: «Quería que mis buenas amigas supieran que voy a emprender este viaje». La respiración de Laura se le quedó atascada en la garganta, pues nunca había pensado que era buena amiga de Carrie. A pesar de que una vez la había llevado al médico, que la había visitado y que incluso había ido un día a comer con ella y sus hijos a una pizzería, nunca se había considerado una buena amiga suya. Ni siquiera podía recordar su apellido.

¿Cuán a menudo tocamos la vida de alguien con un acto de bondad hecho al azar? Dios utiliza a la gente común y corriente para causar una extraordinaria diferencia en el mundo que la rodea. Busca hoy la manera de ser bondadosa con otra persona.

EL QUE PLANTA BONDAD,
RECOGERÁ AMOR.

SAN BASILIO

COMO PABLO

Antes de su conversión el apóstol Pablo perseguía a los cristianos. Pero Dios tuvo un encuentro con aquel cruel e implacable fariseo en una visión especial en el camino a Damasco, que cambió su corazón.

Sin embargo, dondequiera que Pablo iba después de su conversión causaba controversia. El libro de los Hechos nos dice que muchos cristianos no estaban dispuestos a aceptar su conversión como un cambio real de corazón. Ellos tenían miedo de que su supuesto amor por Cristo fuese solo una actuación, y que finalmente aquello resultara en que fueran encarcelados. Los judíos también estaban enojados por su nuevo mensaje. Las amenazas de muerte en contra suya eran cosa común, y las crecientes amenazas de violencia dieron lugar a que los líderes de la iglesia en Jerusalén lo llevaran hasta la costa, lo pusieran a bordo de un barco y lo enviaran de regreso a Tarso, su ciudad natal.

En varios capítulos, el libro de Hechos guarda silencio acerca de la vida de Pablo, pero cuando reaparece en la narración del capítulo once, nadie cuestiona su cambio de corazón. Nadie malentiende sus intenciones y nadie critica su implicación en las empresas misioneras. Algo es distinto en Pablo.

ANIMAOS UNOS A OTROS, Y EDIFICAOS UNOS A OTROS, ASÍ COMO LO HACÉIS.

1 TESALONICENSES 5:11

Aunque la Biblia no nos dice lo que le ocurrió durante aquel tiempo, es posible que regresara a la casa de su familia. Piensa en una época en que tú regresaste a tu casa después de una larga y quizá difícil ausencia. Hay algo tranquilizador en sentarse a la misma mesa vieja de la cocina, cocinar en el mismo viejo horno, escuchar los mismos ruidos y aspirar los mismos aromas de tus días de juventud, una época más sencilla. Las cuatro paredes de la casa familiar se convierten en un lugar para regenerar y renovar. Y cuando llega el momento de seguir adelante otra vez, al igual que Pablo te sientes refrescada y preparada.

Ya sea que estés disfrutando de una comida favorita con un miembro de tu familia, o que estés conversando con una amiga hasta la madrugada, haz que tu hogar sea un pedacito de cielo... un lugar de refrigerio. Después de todo, puede que como Pablo, estés fortaleciendo a otra alma para el ministerio.

**DILE A UN HOMBRE QUE ES VALIENTE,
Y LO AYUDARÁS A LLEGAR A SERLO.**

THOMAS CARLYLE

Bendiciones de rayos de sol

«Yo soy la luz del mundo; el que me sigue,
no andará en tinieblas, sino que tendrá la luz de la vida».

Juan 8:12

Estando Gloria sentada a la mesa del comedor, solo un rayo de sol brillaba a través de las persianas cerradas. El punto en que la luz entraba por la ventana era apenas una diminuta mota, pero a medida que se esparcía por la habitación todos los colores del arco iris estallaban en un conjunto esplendoroso. El rayo iluminaba la vieja alacena que colgaba de la pared y se reflejaba sobre su cristal frontal, que protegía sus tesoros del polvo y la suciedad.

El adorno de cristal que había dentro la caja dividía el rayo de sol en millones de fragmentos de color, atrajo la atención de Gloria hacia los otros objetos. Se fijó en la figurilla dorada de un árbol cubierta con sus piedras natalicias, y pensó en cómo su madre a menudo hablaba de lo glorioso que fue el día en que ella nació. Vio las figuritas de animales que se parecían a sus mascotas de mucho tiempo atrás. El ángel que estaba encima del niño y la niña sobre el puente le recordaba sus años de niñez, cuando ella y su hermano jugaban a la orilla del riachuelo que estaba al lado de su casa.

La estatuilla del bebé hizo que se remontara a los tiempos en que sus hijos estaban pequeños. La figura que señalaba a la inscripción en un árbol que decía: «Te amo», le hizo sonreír. Era un regalo de aniversario que había recibido de su esposo. Gloria revivió muchos recuerdos agradables a medida que observaba el diminuto ángel que sostenía la Biblia, y le dio gracias a Dios por las muchas bendiciones que había recibido en su vida.

Incluso en medio de circunstancias difíciles, intenta recordar las cosas buenas que Dios ha hecho por ti, sin importar lo pequeñas o insignificantes que sean. Eso hará que quites tu enfoque de los problemas y los pongas en Aquel que resuelve los problemas.

NO HAY DÍA
EN QUE LA FUENTE
DE DIOS NO FLUYA.

RICHARD OWEN ROBERTS

EL DIOS DEL MAÑANA

Cuando el horno microondas sonó, Rebeca deslizó la silla alejándose de su computadora portátil y sacó el agua caliente para preparar su té. Había estado escribiendo un artículo sobre las nuevas tecnologías y la manera en que impactarán nuestras vidas en el próximo siglo. Todo ese tema era inquietante. Cuanto más investigaba en Internet, más incómoda se sentía sobre la clonación, las supercomputadoras y los satélites espías. ¿Dónde terminaría todo aquello?

YO, EL SEÑOR, NO CAMBIO.

MALAQUÍAS 3:6

De repente, sintió el deseo de escuchar el consolador silbido de una tetera y el crujido de un fuego real en lugar del siseo de una chimenea de gas. El mundo se movía demasiado rápido, y en momentos como aquel ella quería refugiarse en el regazo de su abuelo y aspirar el olor de su dulce pipa de cereza.

—Abuelo —recordaba haberle preguntado una vez—. ¿Cuando eras pequeño había naves espaciales?

—No, cariño —le había dicho él sonriendo—, cuando yo era un muchachito íbamos a la ciudad en una carreta tirada por caballos, y los aviones realmente acababan de despegar del suelo.

—Pero tenían trenes.

—Sí, y creo que los trenes eran lo que más me gustaba.

El sonido de un silbato de tren le seguía recordando a su abuelo, y en la apariencia que le daba su uniforme de conductor color azul marino. Algunas veces él se lo dejaba poner, como también su gran reloj de plata. «¡Todos al tren!», gritaba ella, y el abuelo fingía ser un pasajero.

Me pregunto lo que pensaría el abuelo sobre la vida actual. Lo sabía. Él le diría que no se preocupara. «Cariño», le diría, «en mis tiempos pasé por algunos momentos bastante duros: trenes estropeados, huelgas de trabajo y guerras mundiales. Creo que si Dios nos sacó de todo aquello, también puede cuidarnos durante el resto de nuestro camino hasta el hogar».

Ella «creía» que Él lo haría. El Dios de la era de su abuelo sería el mismo Dios del siglo XXI. Y *esa* era una idea consoladora.

LA INVERSIÓN DE DIOS EN NOSOTROS ES TAN GRANDE QUE NO CABRÍA LA POSIBILIDAD DE QUE NOS ABANDONARA.

ERWIN W. LUZTER

CAMBIO DE ESTACIONES

Marie siempre disfrutaba lavar los platos a mano porque le daba la oportunidad de calmarse, pensar y observar el cambio de las estaciones por la ventana de su cocina.

Durante el transcurso de un año, observaba a una golondrina preparar el nido y después llevarles comida a sus polluelos en la primavera. Un colibrí hacía paradas regulares después de haber descubierto el comedero de la ventana durante el verano. En otoño, las ardillas correteaban por las crujientes hojas caídas en busca de bellotas. Y aquel invierno Marie vio un ciervo parado majestuosamente en su jardín.

A medida que el ciclo de las estaciones volvía a comenzar, Marie observaba cómo las flores brotaban del suelo cuando el tiempo era más cálido. Las flores de brillantes colores siempre le traían felicidad. En el verano, la hierba verde llenaba su corazón de paz y tranquilidad, y a medida que las hojas verdes cambiaban gradualmente a distintos tonos dorados, sentía el otoño en el aire, una señal segura de que después llegaría el invierno.

SÉCASE LA HIERBA, MARCHÍTASE LA FLOR; MAS LA PALABRA DEL DIOS NUESTRO PERMANECE PARA SIEMPRE.

ISAÍAS 40:8

La vida es como el cambio de las estaciones. Durante la primavera de su vida, los días de Marie estaban llenos de diversión y alegría cuando jugaba con las ranas y los renacuajos. Su adolescencia, juventud y edad adulta, el verano de su vida, estaban marcados por el entusiasmo a medida que intentaba encontrarse consigo misma en el veloz carril de la vida. Hoy está comenzando a sentir el contentamiento del otoño. Ve seguridad en los ojos de su esposo y alegría en la vida de sus hijos adultos, y comprende que el invierno pronto caerá sobre ella.

Como cristiana, sabe que un día despertará a un mundo más maravilloso de lo que puede imaginar. Hasta entonces, sabe que cualquiera que sea la estación en que se encuentre ahora, es la mejor de toda su vida.

No hay nada de malo en mirar hacia las estaciones pasadas de nuestra vida. Pero Dios tiene un propósito al permitirnos estar en la estación en que estamos ahora. ¡Así que disfruta donde estés en el camino que te lleva hacia donde irás!

COMO EL ROCÍO PARA LA FLOR,
EL CAPULLO PARA LA ABEJA, COMO EL AROMA
PARA LA ROSA, SON AQUELLOS RECUERDOS PARA MÍ.

AMELIA C. WELBY

ACTITUD DE LUNES EN LA MAÑANA

Ofrezcamos siempre a Dios ...

sacrificio de alabanza.

Hebreos 13:15

El lunes, el presentador de las noticias en televisión tenía un sombrío aspecto al leer las estadísticas de la más reciente matanza de gente. El meteorólogo predijo una fuerte tormenta de nieve con posibles daños causados por el hielo y cortes de luz. El mecánico decía que las reparaciones del sistema de frenos del auto costarían más de lo esperado. Se recibió una llamada del consultorio del doctor dando una cita inmediata para hablar de los resultados de una biopsia.

Pero también el lunes, la abuela fue al oncólogo y recibió un alfiler de superviviente que conmemoraba cinco años sin cáncer. Amy pasó por la sala de partos sin complicaciones, y dio a luz a una bebé completamente sana. Los análisis de sangre de Sam revelaron que solo sufría de estrés y agotamiento, y no de diabetes. Frank salió airoso de un examen en la universidad. Erin creía haber encontrado la persona con quien casarse.

Todos esos sucesos son parte de la rutina de la vida cotidiana, y enmarcan las conversaciones que se comparten alrededor de la mesa en la cocina. Algunas veces, esas conversaciones están salpicadas de lágrimas y suspiros, pero muchas veces esas charlas se combinan con vivas risas y canciones. La diferencia, por lo general, está en nuestro enfoque.

Las preocupaciones y los problemas forman parte de la vida. Las cosas van mal y los planes fracasan, pero podemos elegir. Podemos centrarnos por completo en los problemas o en Dios. Un enfoque lleno de problemas produce un corazón temeroso, y el temor es un ladrón que nos roba la alegría del hoy. Sin embargo, un enfoque que reconoce el control de Dios sobre todas las cosas, llena nuestro corazón de paz, consuelo y alegría a pesar de nuestros problemas. Podemos escuchar al presentador de las noticias y al meteorólogo, al mecánico y al doctor, pero también necesitamos apartar tiempo para enfocarnos en nuestras bendiciones diarias dando gracias a Dios por esos pequeños recordatorios de su cuidado.

DESCANSEMOS SEGUROS, PUES ÉL SIGUE TENIENDO EL CONTROL DE TODO. HABLÉMOSLE DEL DOLOR Y TAMBIÉN DE LOS ANHELOS. HABLÉMOSLE DEL PROPÓSITO FRUSTRADO CUANDO NI SIQUIERA SABEMOS QUÉ HACER. ENTONCES, DEJANDO TODA NUESTRA DEBILIDAD AL LADO DE AQUEL QUE ES DIVINAMENTE FUERTE, OLVIDEMOS QUE SOPORTAMOS LA CARGA Y LLEVEMOS LA CANCIÓN.

PHILIPS BROOKS[24]

La mejor parte

Marta era una dedicada ama de casa, experta en entretener a sus invitados mientras preparaba una deliciosa comida. Un día, cuando Jesús pasaba por su aldea, ella abrió su hogar para Él. Su casa estaba impecable, y un delicioso aroma salía de la cocina. Como anfitriona maravillosa que era, se aseguró de que Jesús se sintiera bienvenido.

Su hermana María también estaba allí. Mientras que Marta le abría su casa a Jesús, María le abría su corazón y se sentaba a sus pies. Ella sabía que recibiría la verdadera sabiduría si escuchaba su enseñanza y la aplicaba a su vida cotidiana.

Mientras tanto, Marta comenzó a quejarse. Como sentía que María debía estar más involucrada en el trabajo que había por hacer, se dirigió a Jesús para pedirle que la mandara a ayudarle en la cocina.

SI, PUES, HABÉIS RESUCITADO CON CRISTO, BUSCAD LAS COSAS DE ARRIBA, DONDE ESTÁ CRISTO SENTADO A LA DIESTRA DE DIOS.

COLOSENSES 3:1

Tal vez la respuesta de Jesús la iba a sorprender. Él le enseñó algunas cosas acerca de las prioridades, mientras hablaba con ella sobre una manera mejor de servirle. María, dijo Él, ha escogido la mejor parte, la cual no le será quitada.

¿Cuáles son las prioridades en tu vida? ¿Sacas tiempo de tu ocupado horario para leerle la carta de Dios al mundo? La Biblia tiene la llave para una vida de éxito y la felicidad abundante. ¿Es tu tiempo de oración una parte importante de tu día? Jesús siempre está disponible para escucharte. Dios nunca está demasiado ocupado para ofrecer ánimo y amor a sus hijos.

Aunque el trabajo y el servicio son partes fundamentales de la vida, no deben ser lo más importante. Busca la dirección de Dios hoy mediante la oración y el estudio de la Biblia. La sabiduría que obtengas te beneficiará no solo a ti, sino también a los demás, ya que tu vida servirá como un brillante ejemplo para Él.

EN LO PROFUNDO DE TU CORAZÓN,
NO ES DIRECCIÓN LO QUE ANHELAS, SINO UN GUÍA.

JOHN WHITE

A ALGUIEN LE IMPORTA

Maureen levantó pesadamente su taza de café y la metió en el casi repleto lavaplatos. Su vida había sido difícil durante meses. A medida que la enfermedad de su esposo progresaba con rapidez, su sentido de seguridad disminuía, y un temor a perderlo inundaba su corazón. Después de unas cuantas semanas en el hospital, su esposo de cuarenta y cinco años se vio obligado a vivir en un hogar de ancianos. Parecía que Maureen no podía dejar de llorar. Su corazón quedaba más abrumado después de cada visita.

Al principio, la gente le preguntaba si podía hacer algo para ayudar. Otros llamaban por teléfono y la visitaban, pero pasadas unas semanas, las llamadas y las visitas disminuyeron, y sus amigas siguieron adelante con sus vidas. Maureen estaba vencida por la carga, y la alegría parecía ser algo remoto.

LA CONGOJA EN EL CORAZÓN DEL HOMBRE LO ABATE; MAS LA BUENA PALABRA LO ALEGRA.

PROVERBIOS 12:25

Un día, antes de hacer su visita diaria al hogar de ancianos, se detuvo en el buzón del correo. Había una pequeña tarjeta firmada así: «Alguien a quien le importas» Un rayo de sol tocó su corazón mientras leía esas sencillas palabras.

A alguien de verdad le importa, pensó. Aunque no sabía quién era, sí sabía que a alguien le importaba la situación que ensombrecía su vida. Durante todo el día se estuvo preguntando quién podría haber sido tan amable. Miraba la tarjeta una y otra vez, tratando de reconocer la firma. Sabía que la persona estaba orando por ella, y quería comunicarle cuánto lo agradecía.

Las semanas y los meses siguieron pasando, y Maureen continuó recibiendo tarjetas de esa persona anónima. La firma era siempre la misma, pero el remitente nunca se identificó. Solamente Dios sabía quién edificaba su espíritu, y para quién la enviaba, eso era suficiente.

**LA BONDAD ES UN IDIOMA
QUE EL MUDO PUEDE HABLAR, EL SORDO PUEDE OÍR,
Y EL CIEGO PUEDE VER.**

ANÓNIMO

UN BANQUETE CONTINUO

Todos los días del afligido son difíciles;
mas el de corazón contento tiene un banquete continuo.

Proverbios 15:15

Janice apenas podía mirar a Minnie. Veía en el rostro envejecido y arrugado que estaba delante de ella la inolvidable llamada de sus propios huesos cansados. Trabajar en un hogar de ancianos cuando ella misma estaba envejeciendo, algunas veces causaba una profunda tristeza en su corazón. Y allí estaba, observando el final de una vida de lucha avanzar por el pasillo.

Minnie, la paciente de Janice, estaba encorvada y arrastraba los pies lentamente con la ayuda de un andador. Sus rígidas y rugosas manos estaban blancas por la presión. Minnie tardaba lo que parecían horas en cruzar el corto trecho de baldosas.

Por fin, con mucho esfuerzo y doloroso trabajo, dio la vuelta y se sentó en el asiento. Janice dobló y cerró el andador y lo apoyó en la pared sintiendo sus propios dolores al hacerlo.

—¿Janice? —la voz de Minnie apenas era algo más que un susurro a la vez que hacía señas para que Janice se acercara.

—¿Sí, Minnie?

—¿No hace un día hermoso?

Janice siguió el ángulo de su mirada tratando de ver la belleza que ella veía. Había poco en qué fijarse. Una planta, un cuadro y unos cuantos amigos. Janice miró sus brillantes y capaces ojos, aun cuando su cuerpo no respondía de la misma manera. Minnie sabía exactamente lo que estaba diciendo cuando comentó la belleza del día. Janice tuvo que sonreír al responderle:

—Sí, Minnie, es un hermoso día.

¿Hay algún dolor que puedas pasar por alto hoy para ver lo bueno? ¿Hay algo que te esté reteniendo o parezca insuperable? Cuando miras más allá de tus circunstancias, ¿hay belleza allí? El dolor es real, y es siempre una batalla cuando la vida no coopera con nuestros planes, pero siempre hay más. Siempre hay algo que Dios pondrá en nuestro ángulo de visión que sea digno de celebrarse. Él no siempre quita el dolor, pero como promete en Proverbios 15:15: «El de corazón contento tiene un banquete continuo». Una vez que comiences a fijarte en lo sublime, Él hace que sea demasiado bueno para que nunca más lo vuelvas a pasar por alto.

ALEGRÍA: EL HÁBITO DE MIRAR EL LADO BUENO DE LAS COSAS.

WILLIAM BERNARD ULLANTHORNE

RUTA EQUIVOCADA

Lizzy y Karen estaban en el centro de Seattle, sentadas en el vestíbulo del hotel esperando un autobús. Estaban ya libres después de una conferencia y listas para explorar la ciudad a su alrededor. Después de esperar al autobús durante veinte minutos estaban impacientes y ansiosas. Había tanto por hacer... ¡tanto por ver!

Momentos después, llegó un autobús. «No es el que nos dijeron que debíamos tomar», dijo Lizzy, sonriendo a la vez que caminaba hacia las puertas, «¡pero va en la misma dirección! ¡Vamos!» Ambas se subieron a bordo. Dos chicas del oeste medio, dirigiéndose a ver los atractivos de la ciudad. El autobús seguía su dirección atravesando la oscura y temerosa parte de la ciudad, y las chicas se acurrucaron en un pequeño rincón. El conductor parecía divertirse con su apuro, y sus compañeros de viaje parecían cualquier otra cosa menos estar dispuestos a ayudarlas a encontrar el destino deseado. Ellas se agarraban las manos la una de la otra e intentaban disimular su cara de turistas y parecer residentes, lo cual solo les servía para hacer más obvia su incomodidad.

PON TU ESPERANZA EN EL SEÑOR; TEN VALOR, COBRA ÁNIMO; ¡PON TU ESPERANZA EN EL SEÑOR!

SALMO 27:14, NVI

Lizzy y Karen terminaron haciendo la ruta completa del autobús. Al regresar al hotel, estaban algo temblorosas y solo habían perdido un poco de tiempo. Sonrieron tristemente entre ellas y esperaron... esperaron... y esperaron el autobús correcto.

¿Te encuentras tentada a tomar un autobús porque estás cansada de esperar? ¿Existe alguna relación, algún trabajo o dirección que estás pensando tomar que a lo mejor no es lo que Dios tiene para ti? Hay mucho que ganar al esperar en el vestíbulo el autobús correcto. Dios no te abandonará en tu búsqueda. Él está ahí, listo y esperando con su respuesta, recordándote su soberana voluntad y su capacidad de llevarte a donde tengas que ir. Es bueno esperar en Él, de hecho, es mucho más seguro y mucho más sabio, en especial cuando consideras la alternativa.

TODO LLEGA EN EL MOMENTO
APROPIADO PARA AQUEL QUE SABE CÓMO ESPERAR.

SAN VICENTE DE PAÚL

EL DON DE LAS PALABRAS

Más que cualquier cosa, Melissa quería poder cantar y tocar el piano. Sin embargo, no tenía talento para la música a pesar de todos sus intentos o de lo mucho que practicara. Al fin llegó a la conclusión de que no tenía sentido del ritmo ni capacidad para entonar una melodía.

Casarse con un predicador que tenía una hermosa voz no le ayudó mucho, pues todo el mundo supone que la esposa de un pastor debe saber tocar el piano. Ella nunca había visto eso escrito en ningún libro, pero sí en cada uno de los rostros de la congregación. Odiaba las entrevistas pastorales porque sabía que al final llegaría la temida e inevitable pregunta: ¿Sabe tocar el piano? que siempre la hacía sentir como una fracasada al responderla con un solemne no.

HAY DIVERSIDAD DE DONES, PERO EL ESPÍRITU ES EL MISMO. Y HAY DIVERSIDAD DE MINISTERIOS, PERO EL SEÑOR ES EL MISMO.

1 CORINTIOS 12:4-5

Por años, Melissa oró: «Señor, dame la capacidad de cantar», pero durante los himnos congregacionales se dio cuenta de que nada había ocurrido. Su voz seguía siendo tan mala como antes de haber orado. Tomó clases de piano hasta que una maestra bienintencionada le dijo amablemente que estaba malgastando su dinero. Muchas veces se preguntaba por qué Dios no había respondido su oración de la manera en que a ella le hubiera gustado.

Un día, comenzó a cantar por el solo placer de hacerlo, y renunció a la idea de ser una buena pianista o solista. Cantaba en la ducha después de que todos se iban, y tarareaba mientras cocinaba antes de que alguien llegara a casa en la tarde.

Daba clases en la escuela dominical, y tiempo después comenzó a escribir. Descubrió que los dones que Dios le había dado no tenían nada que ver con la música. Él le había dado el don de las palabras. Melissa trabajó mucho para convertirse en una exitosa escritora, y alcanzó a muchas personas con sus palabras de ánimo.

Dios no da a todos los mismos talentos. Ante sus ojos todas nosotras somos únicas y especiales. Descubrir su talento le dio a Melissa una perspectiva completamente nueva de la vida. Ahora, cuando surge esa difícil pregunta, sonríe y responde: «No, no sé cantar ni tocar, ¡al menos para nadie, excepto para el Señor! En cambio, Él me dio el don de alentar a los demás».

SIEMPRE QUEDA UN POCO DE FRAGANCIA EN LA MANO QUE TE ENTREGA ROSAS.

PROVERBIO CHINO

Comida con culpabilidad

«Velad y orad, para que no entréis en tentación; el espíritu a la verdad está dispuesto, pero la carne es débil».

Marcos 14:38

Stacie estaba sentada en su oficina cuando oyó por primera vez la conmoción.

—¡De ninguna manera!

—¡Págalo!

—¿Quién tiene unas monedas?

Stacie se levantó de su escritorio y caminó con cautela hacia donde oía el sonido del dinero. Allí encontró a tres de sus compañeras de trabajo reunidas ante la máquina expendedora. Estaban insertando monedas, escogiendo cosas y recibiendo tanto las golosinas como su dinero devuelto. La máquina tenía un cable suelto y daba comida gratis.

Stacy sonrió. Esa mañana no había desayunado, y las monedas que tenía en su bolsillo le servirían para ser una chica feliz. Se abrió paso entre la multitud y lo intentó. Tres monedas... algunas rosquillas glaseadas. Tres monedas devueltas... un gran rollo de canela. Tres monedas devueltas... una bolsa de patatas fritas.

Con sus monedas y su inesperado desayuno, se dirigió de regreso a su escritorio con una sonrisa en su rostro.

No fue hasta que se sentó que la culpa y las calorías se abalanzaron sobre su conciencia. ¡No estaba bien! Qué importaba si todos los demás parecieran sentirse bien haciéndolo. Qué importaba que el encargado de la máquina expendedora siempre estuviese malhumorado y nunca la llenara de las cosas que a ella le gustaban... ¡Nada de eso importaba! Aquello estaba mal. Era robar, y ella no podía hacerlo.

Ay, ¡pero cómo crujía su estómago! De pronto no estaría mal si solamente diera un mordisco... solo uno.

Stacie se lo comió todo, pero cuando el encargado de la máquina llegó poco tiempo después, metió la mano en su bolsillo y pagó las tres cosas que había sacado de la máquina. Sus compañeros de trabajo la miraron con extrañeza, pero ella se sintió mucho mejor.

Algunas veces es fácil pasar por alto las pequeñas cosas que a nadie más le importan, como unirse a los que creen que si nadie más lo sabe, posiblemente no causará daño. En este día adopta una actitud firme con los pequeños actos de verdad... los pequeños pasos de honestidad y coraje. Puede que algunos se burlen de ti, pero puede que te ganes el respeto de otros, y Dios lo usará para atraerlos hacia su corazón.

> **EL CORAJE ES EL MIEDO**
> **QUE HA EXPRESADO SUS ORACIONES.**
> DOROTHY BERNARD

Por encima de las nubes

Denise reposó su sonrojado rostro en la fría ventana. Hacía horas que había dejado su cálida cama para emprender camino al aeropuerto. Po fin, estaba sentada en el avión, que estaba preparándose para situarse en la pista de despegue.

Aquel viaje, a diferencia de muchos otros, no le hacía sentir en su corazón el familiar placer a medida que el avión comenzaba a moverse... ningunas vacaciones... ninguna boda de una amiga. Aquel era un viaje sombrío, ya que iba a visitar a su padre enfermo que estaba en un lejano estado.

Su padre estaba enfermo, su esposo se sentía frustrado y enojado porque la empresa donde trabajaba había cambiado el personal por gente más joven y más «competente», y su hijo adolescente estaba presionando para involucrarse con un grupo de estudiantes que a ella no le gustaban, y que además les temía. ¿Por qué estaba pasando todo eso en aquel momento? *¿Por qué, Señor?* ¡Había orado! Siempre había vivido una vida merecedora de bendiciones y recompensa, al menos así lo creía.

PORQUE MIS PENSAMIENTOS NO SON LOS DE USTEDES, NI SUS CAMINOS SON LOS MÍOS, —AFIRMA EL SEÑOR.

ISAÍAS 55:8, NVI

Cuando el avión se elevó lentamente en el aire, Denise miró hacia la tierra. Oscuro y gris bajo un cielo nubado y lluvioso, todo el paisaje parecía encajar con su estado de ánimo. Lentamente, el avión comenzó a atravesar las nubes, y ya no podía ver la tierra. Parecían estar perdidos en medio de una neblina gris hasta que se encumbraron sobre las nubes. ¡Qué diferencia! Las oscuras y amenazantes nubes fueron transformadas en suaves y blancas mantas. El cielo azul y la luz del sol estaban brillantes y firmes al otro lado.

¿Parece la vida oscura y gris desde tu perspectiva? ¿Estás viviendo bajo las oscuras nubes de la depresión o la tristeza? Es difícil ver la luz en medio de la tormenta. Pero recuerda que más allá de la cubierta de nubes hay una vista asombrosa. Permite que hoy Dios te muestre la vida desde su perspectiva.

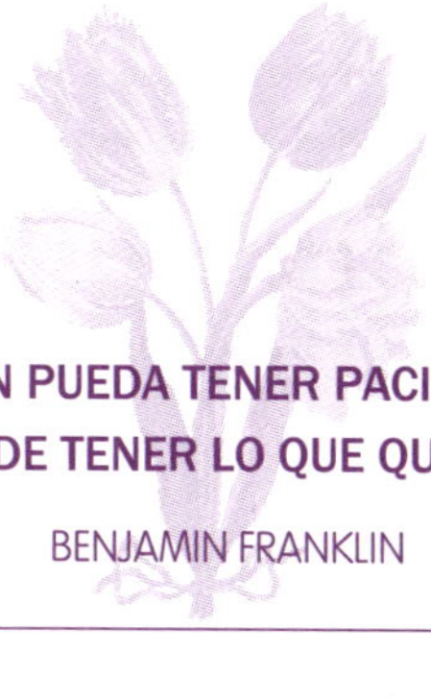

QUIEN PUEDA TENER PACIENCIA,
PUEDE TENER LO QUE QUIERA.

BENJAMIN FRANKLIN

EL FACTOR DIOS

Rodeada por un montón de facturas y recibos, los dedos de Theresa se deslizaban sobre los números de su teclado, volviendo a calcular y a comprobar los gastos y los ingresos anuales. No podía creer la gran cantidad de dinero que sus empleados habían malgastado en papel, pero a pesar de ello, parecía que por primera vez en ese año iban a sacar un buen beneficio. *¡Gracias a Dios!*, pensó agotada. Finalmente habían solucionado su problema de cambios de personal proporcionando una mejor cobertura de cuidado sanitario y seguro odontológico.

DONDE ESTÉ VUESTRO TESORO, ALLÍ ESTARÁ TAMBIÉN VUESTRO CORAZÓN.

MATEO 6:21

Theresa agarró su taza de café y caminó hacia la pequeña cocina de su empresa. Una de sus empleadas estaba sentada a la mesa leyendo su Biblia y comiéndose un plato preparado en el microondas.

—¿Qué haces aquí tan tarde? —le preguntó Theresa, al tiempo que se servía otra taza de café.

—Oh, hola, señora Chase —dijo Ángela—. Decidí quedarme a trabajar esta noche para tener listo el informe que usted necesita mañana en la tarde.

—No necesitas hacer eso —le dijo Theresa.

—Lo sé, pero solo quise volver a comprobar las cifras.

—Agradezco mucho tu arduo trabajo.

—Gracias —dijo Ángela sonriendo y cerrando su Biblia—. Y gracias por permitirnos comenzar un estudio bíblico en la mañana. Hemos estado orando por usted y también por el negocio.

—¡Pues está dando resultados! —dijo Theresa—. Síganlo haciendo.

En lugar de la sabiduría convencional, que dice que un negocio solamente debería tomar decisiones basadas en lo fundamental, la relación entre un patrón y un empleado es simbiótica. Se necesita un esfuerzo cooperativo para lograr el éxito. Algunas empresas al final se están dando cuenta de que hay un «factor Dios» trabajando cuando una empresa se preocupa sinceramente por sus empleados y siembra agradecimiento y beneficios en sus vidas. Si eres una persona de negocios, considera permitir que tus empleados comiencen un grupo de estudio bíblico o de oración durante el tiempo de la comida, o antes, o después del trabajo. Invita a Dios a tu lugar de trabajo, y Él honrará tu confianza en Él.

EL HOMBRE SABIO HARÁ MÁS OPORTUNIDADES DE LAS QUE ENCUENTRA.

FRANCIS BACON

CORAZÓN HOSPITALARIO

**Cuando le oyeron Priscila y Aquila,
le tomaron aparte y le expusieron
más exactamente el camino de Dios.**

Hechos 18:26

Debido a la profesión de Jeff, él y Rochelle se trasladaron varias veces a lo largo de los años. Sin embargo, uno de sus traslados fue memorable, no porque hubiera ocurrido algo, sino por algo que *no* ocurrió.

Jeff tenía que comenzar su nuevo trabajo en otra ciudad antes de que su casa estuviera lista para ocuparla. Una mujer de una iglesia local oyó de su apuro y le ofreció el cuarto de huéspedes de su casa hasta que la de él estuviera lista.

Cuando por fin se trasladaron a su nueva casa, Rochelle quiso tener un gesto de amor y gratitud con la mujer por su bondad hacia su esposo. La llamó y la invitó a tomar el té, disculpándose porque a lo mejor tendría que sentarse sobre las cajas, pero asegurándole que sería muy bienvenida. Después de una corta pausa la mujer respondió: «No, querida, todavía no iré. Esperaré hasta cuando tengas todas las cosas como quieres tenerlas, y entonces te haré una agradable visita».

No cabe duda de que la mujer solo intentaba darle a Rochelle un tiempo extra para que se pudiera establecer, pero las cosas no salieron como ellos habían pensado. Rochelle parecía no tener nunca las cosas «como las quería». Algunas de las cajas que estaban en la sala permanecieron en el comedor durante unos meses, mientras esperaban a que se hicieran algunas reparaciones en el piso de la misma. Entonces, cuando se desocuparon aquellas cajas, el comedor se convirtió en un desorden de papel de pared, pintura y muestras de baldosas para la cocina. Cuando se ocuparon de todas esas cosas, habían pasado nueve meses, y Rochelle estaba demasiado avergonzada para volverla a invitar.

Una persona hospitalaria está llena de gracia, cordialidad y generosidad. La hospitalidad nos pide que abramos nuestro corazón a los demás, sin importar que nuestros hogares estén perfectos o no. Puede ser que al negar la hospitalidad estemos hiriendo el corazón de un extranjero. Mantengamos nuestro corazón abierto para dar y recibir hospitalidad. Seguro que encontraremos las bendiciones de Dios, y posiblemente hasta una amiga.

CUANDO HAY ESPACIO EN EL CORAZÓN, HAY ESPACIO EN LA CASA.

PROVERBIO DANÉS

El Dios que nunca duerme

En marzo de 1975 un tornado barrió una franja de unos doce kilómetros a lo largo de Atlanta, Georgia, quebrando pinos como si fueran palillos de dientes. Los oficiales de la Defensa Civil calcularon que los daños ascendieron a treinta millones de dólares.

Aun hoy, Gloria recuerda aquel día como si hubiera sido ayer. En aquel tiempo ella estaba más joven, y trabajaba tiempo parcial como secretaria de una pequeña oficina. Aquel lunes la oficina estaba cerrada para que los empleados pudieran asistir al funeral de un compañero de trabajo.

Aquella mañana, cuando Gloria se preparaba para el servicio, observó que los cielos se volvieron de un color negro amenazador. El viento arreciaba, y los árboles se inclinaban como si fueran de goma. Observó que los recipientes de la basura eran arrastrados por la calle. Entonces comenzó la lluvia. Lo último que había en la mente de Gloria era un tornado.

ECHANDO TODA VUESTRA ANSIEDAD SOBRE ÉL, PORQUE ÉL TIENE CUIDADO DE VOSOTROS.

1 PEDRO 5:7

Después de asistir al funeral, condujo de regreso a su casa. La visibilidad era escasa, pues la lluvia caía oblicuamente sobre la carretera como una cortina de agua. Cuando pasó por su oficina, casi deseaba haber ido a trabajar, para no haber tenido que batallar contra la lluvia durante todo el camino de regreso. Como el constante chirrido de los limpiaparabrisas le ponía los nervios de punta, encendió la radio para amortiguar el sonido. ¡Las noticias eran increíbles! Se había divisado un tornado en la zona de Atlanta. Ella aceleró impulsando su auto hacia su casa.

Tiempo después, se enteró de que los tornados que barrieron Atlanta habían destruido el edificio donde ella trabajaba. Cuando regresó a la oficina para evaluar los daños, vio que todo estaba destruido. Temblaba al ver la pared derrumbada sobre su escritorio, y se estremecía al pensar en lo que podría haber ocurrido si hubiera ido a trabajar.

¡Qué bendición saber que Dios es omnipresente! Él es Aquel que ni se duerme ni se adormece. Él promete estar con nosotras y librarnos aun en medio de un torbellino. Mira a Dios cuando la oscuridad cubra tu mundo, ¡y Él te mostrará el camino a casa!

PREOCUPARSE POR EL MAÑANA
ES SER INFELIZ EN EL PRESENTE.

PROVERBIO

BELLEZA OCULTA

Poco tiempo después de que llegara el Año Nuevo, Brenda se fijó en el desorden que había en su comedor. Pensó en la celebración de la Navidad solo unas semanas atrás, y en lo hermosa que había estado su mesa cuando les dio la bienvenida a su hogar a los miembros de su iglesia. El solo hecho de estar con sus amigos hizo que la tarde fuera especial.

Ahora, la vida había vuelto a la normalidad. El árbol y el pesebre estaban guardados, y el elegante decorado fue sustituido en su mesa por varias facturas que tenía que pagar. Contribuían al desorden una agenda y una caja de pañuelos de papel que sobró después de un ataque de neumonía que frenó su ritmo durante las vacaciones.

Brenda tomó la agenda y la hojeó. Cada página estaba llena de nombres, direcciones y números de teléfono. Comprendió que ese libro representaba a su familia y amigos, y pensó en lo afortunada que era por tener tantas personas que la querían. Al leer los nombres, hizo una oración por cada uno. Oró por sus necesidades especiales y le pidió a Dios que estuviera con ellos cada día.

OH SEÑOR, SOBERANO NUESTRO, ¡QUE IMPONENTE ES TU NOMBRE EN TODA LA TIERRA!

SALMO 8:9 NVI

Luego agarró los pañuelos de papel, y le dio gracias a Dios por su salud. Entonces miró las facturas, y le dio gracias por su carrera y por la oportunidad de proveer para su familia. Una a una, contó sus muchas bendiciones.

A primera vista, las cosas que estaban sobre la mesa de Brenda parecían anular la belleza de su hogar, pero al mirarlas una por una, comprendió que todas le servían como recordatorio de la presencia de Dios en su vida.

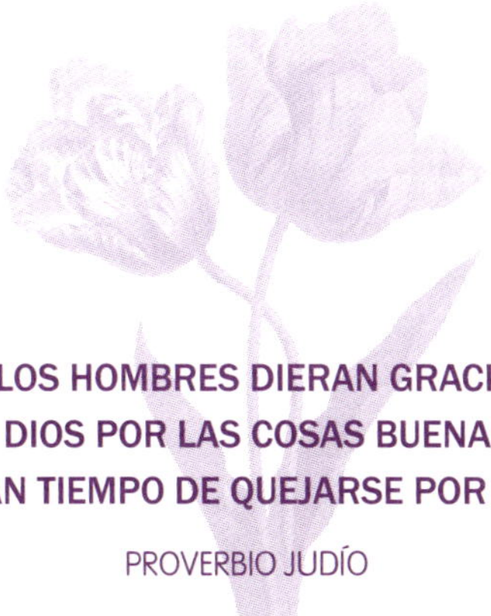

SI LOS HOMBRES DIERAN GRACIAS
A DIOS POR LAS COSAS BUENAS,
NO TENDRÍAN TIEMPO DE QUEJARSE POR LAS MALAS.

PROVERBIO JUDÍO

La familia del reino

«Todo aquel que hace la voluntad de mi Padre que está en los cielos, ése es mi hermano, y hermana, y madre».

Mateo 12:50

Charlene caminaba por el pasillo sola. Aquel era el momento que se suponía, compartiría con su padre. El precioso momento en que le daría su bendición sobre su matrimonio y la entregaría oficialmente, cuando ella haría la transición de hija a esposa.

Sin embargo, allí no estaban ni su padre, ni su madre, ni su hermana. Habían adquirido un compromiso, una convención a la que tenían que asistir, que era más importante para ellos que su boda. Fue un duro golpe, y Charlene sentía el dolor que nublaba aquel momento especial.

Allí esperando en el altar estaba su pastor, que los recibió con su cálida y tierna sonrisa. Charlene sintió que su anhelo disminuía mientras miraba su amable rostro. El pastor y su esposa fueron más que su familia. Ellos la aconsejaron, rieron y lloraron con ella cuando estaba atravesando por sus nervios prematrimoniales. Oraron con ella y sostuvieron su mano. Por eso para ella significaban más que sus padres biológicos.

Charlene sonrió desde lo más profundo de su corazón a su novio que la esperaba. Ese era un momento para celebrar lo nuevo, y Dios había sido fiel al rodearla de padres, hermanos y hermanas que eran parte de su reino.

¿Has perdido a tu familia? Dios es fiel en proporcionar personas que nos alimenten, nos amen y llenen los espacios vacíos de nuestra vida. Tu familia no tiene que provenir del mismo vientre o compartir tu misma sangre. Permite que Él te dé el regalo de su familia. Debemos ser eso para los demás.

EL SEÑOR DA SU BENDICIÓN CUANDO ENCUENTRA VACÍO EL VASO.

THOMAS A KEMPIS

LIVIANO Y MULLIDO

—¿Qué es eso, abuela? —preguntó la niñita a la vez que miraba con atención cómo su abuela mezclaba con cuidado los ingredientes para el pan.

—Levadura —contestó la abuela—. Esto es lo que hace que el pan crezca. Después, si queremos que nuestro pan sea liviano y mullido, tenemos que cubrir la masa con un paño, y ponerla en un lugar cálido.

¿A QUÉ COMPARARÉ EL REINO DE DIOS? ES SEMEJANTE A LA LEVADURA, QUE UNA MUJER TOMÓ Y ESCONDIÓ EN TRES MEDIDAS DE HARINA, HASTA QUE TODO HUBO FERMENTADO.

LUCAS 13:20-21

Sin comprender bien la manera en que trabaja la levadura, Mary estaba impaciente. Seguía levantando el paño para ver los rollos de masa que estaban en la bandeja. Después de un rato, vio que estaban creciendo.

Finalmente, la abuela metió los rollos en el horno precalentado. La niña observaba, a través del cristal, cómo las partes superiores se ponían de color marrón dorado, y el aroma llenaba toda la casa. Cuando los rollos estuvieron listos, la abuela dejó que Mary untara una pequeña cantidad de mantequilla sobre cada uno.

La abuela pensó en la mirada de asombro que había en la cara de su nieta cuando vio que el pan había duplicado su tamaño. Comprendió que su propia fe era muy similar a la masa. Cuanto más orara y estudiara la Palabra de Dios, más crecería su fe. Y al igual que la masa necesitaba estar en un lugar cálido para crecer y mantener cálido su corazón para poder servir a Dios y a los demás.

En este día, mantén una cálida sonrisa en tus labios, y el brillo en tus ojos. Con una actitud «ligera y mullida» hacia la vida podemos sobreponernos a los problemas, y mostrarles a los demás la calidez que solamente Dios puede dar.

RECUERDA: LA FE QUE MUEVE MONTAÑAS LLEVA SIEMPRE CONSIGO UN PICO.

ANÓNIMO

CERRAR LA PUERTA

Michelle miró alrededor de su oficina y sintió que desde lo más profundo de su alma surgía un suspiro. Había trabajado mucho por todo aquello, y empleado muchas horas en su visión, sobre todo al principio, cuando su empresa era apenas un sueño, y sus energías estaban todas puestas en hacerlo realidad. Alguien más agradeció su creatividad, pues una empresa más grande compró la suya mediante una fusión forzosa. Ahora, todo lo que una vez fue suyo le pertenecía a un rostro desconocido. Era como perder a un miembro de la familia.

Michelle miró por la ventana de su oficina a sus empleados. Sabía que ellos la habían estado observando para ver cómo se las arreglaría en las cuatro semanas anteriores. Se vio tentada a lanzar todas sus energías en una nueva empresa, pero también sabía que tenía el compromiso de estar allí hasta el final. Era cuestión de integridad. La nueva compañía nunca llegaría a saber si ella empleaba su tiempo, ahora el de ellos, en esa nueva empresa, pero ella y sus empleados sí lo sabrían. Esa no era la forma en que quería hacer negocios. Con una sonrisa forzada, se sentó en su

DESEAMOS QUE CADA UNO DE VOSOTROS MUESTRE LA MISMA SOLICITUD HASTA EL FIN, PARA PLENA CERTEZA DE LA ESPERANZA.

HEBREOS 6:11

escritorio y centró su mente en los asuntos del día. Al entregar la compañía, lo haría sabiendo que había dado lo mejor hasta el final.

Todos enfrentamos cambios en la vida. Una estación termina y otra comienza. Puede que digamos adiós a un trabajo, a una relación, a una ciudad o a un sueño. Con cada final tenemos una elección. Podemos alejarnos sin mirar atrás y pasar por alto el cierre y la atención que se necesitan, o podemos tomar el tiempo a pesar de lo doloroso que pueda ser, para terminar bien. Para atar los cabos sueltos, para decir adiós, para trabajar duro hasta el final y para dar de nosotras mismas libremente para poder comenzar una nueva aventura sabiendo que hemos cerrado la anterior con integridad.

¿Alguna esfera de tu vida necesita atención hoy? ¿Algo que deba terminarse bien? Toma un momento y pídele a Dios que te ayude a cerrar la puerta. Solo entonces serás bendecida en tu nuevo comienzo.

CUANDO UNA PUERTA SE CIERRA, OTRA SE ABRE.

MIGUEL DE CERVANTES

¡SOCORRO!

No nos cansemos de hacer el bien,
porque a su debido tiempo cosecharemos
si no nos damos por vencidos.

Gálatas 6:9, NVI

¿En qué estaba yo pensando? Se dijo Kristy mientras permanecía en medio de la cocina de la iglesia, y luego se daba la vuelta despacio. Mientras tanto seguía la algarabía de compañerismo en la entrada, y los platos sucios se apilaban en cuanto espacio había.

—Ya cargué el lavaplatos una vez —dijo su amiga Carol—. Tú puedes lavar cacerolas y sartenes hasta que finalice el ciclo. Siento tener que dejarte sola, pero de veras tengo que irme.

Kristy se sentía abrumada, pero no quería quejarse.

—No hay problema... de verdad.

Al terminar de lavar, secar y guardar los platos solo quedaban en la cocina ella y otra mujer. La señora Carson, una mujer de avanzada edad que siempre estuvo en esa iglesia, sintió compasión por ella, y se quedó para ayudar.

—No sé qué habría hecho si usted no se hubiera quedado —dijo Kristy sonriendo y abrazando a su rellenita ayudante.

—Oh, esto no ha sido nada querida —dijo la señora Carson—. Deberías haber estado aquí antes de que tuviéramos lavaplatos eléctrico.

—No puedo ni imaginarlo.

—Desde luego, en aquel entonces, la gente era un poco diferente. Todos echábamos una mano, y el trabajo se hacía enseguida. Ahora la gente vive muy ocupada, está estirada hasta el límite. Supongo que incluso tú tendrás que levantarte y salir a trabajar en la mañana.

—Sí, señora.

—Bien, puede que no obtengas muchos agradecimientos de otras personas, pero Dios ve tu corazón, y se agrada de ti. Ahora vayámonos a casa.

Cuando sientas que a nadie más le importa hacer lo que es correcto o echar una mano para ayudar, recuerda que a Dios le importa, y que Él te dará de su gracia.

LA GRACIA SE DA,
NO PORQUE HAYAMOS
HECHO BUENAS OBRAS,
SINO PARA QUE PODAMOS HACERLAS.

SAN AGUSTÍN DE HIPONA

PÁSALO

A lo largo de los años, las cocinas han sido muy importantes en la vida de Connie. Cuando estaba creciendo vivía en una granja rodeada de tías, tíos, primos, hermanos, su madre y su abuela. Muchas veces recuerda los calurosos días de verano en que la cocina se llenaba de humo porque estaban haciendo conservas. Hacer conservas era un asunto familiar. Los hombres plantaban y recogían las cosechas, los niños pelaban, cortaban y preparaban el producto, y las mujeres cocinaban y preparaban las conservas. Se hablaba animadamente acerca de recetas, técnicas y tiempos de cocción.

En algún momento durante el día, la abuela metía a hurtadillas a Connie debajo de la mesa y le daba una probadita de cualquier cosa que estuvieran enlatando (a ella le gustaban especialmente los melocotones en conserva de la abuela). La abuela quería que su nieta guardara ese especial secreto. Es más, era tal el secreto que Connie no se enteró hasta unos cuantos años después que la abuela hacía lo mismo con todos sus primos y hermanos. Aquel descubrimiento no disminuyó el amor de ellos por la abuela, sino que hizo que todos se sintieran especiales.

EN VERDAD COMPRENDO QUE DIOS NO HACE ACEPCIÓN DE PERSONAS.

HECHOS 10:34

A causa de ello, Connie siempre pensó que ella era la nieta favorita de la abuela, y esa idea la había sostenido en medio de muchos momentos difíciles. Cuando descubrió que todos los de su generación creían ser los nietos favoritos de la abuela, ese sentimiento tan especial no disminuyó. Ella no se sintió traicionada, estaba sorprendida por el amor que la abuela daba a toda la familia. Su abuela se convirtió en el ejemplo de la clase de persona que ella quería ser.

Así es. Él nos ama a cada una de nosotras como si fuéramos la única persona del universo. Somos de forma individual y personal sus hijas especiales.

Ahora, cuando Connie hace figuras de hombres de pan de jengibre con sus nietos, les pasa el conocimiento de que cada uno de ellos es tan especial para ella como lo son para Dios, y ora para que algún día ellos lo pasen también a sus nietos. Quizá incluso en la cocina.

UNA ABUELA CONOCE EL ARTE DE DAR DE CORAZÓN.

E.C. RAYBURN

AMIGOS EN LA COCINA

¡Qué maravilloso ver la bondad de Dios en mi propia cocina!, pensaba Jennifer al tiempo que echaba un vistazo a su colección de libros de cocina. Él había provisto en abundancia para ella y su familia. Ellos no solo disfrutaban de una variedad de buenos alimentos, sino que les había provisto de la cocina y de todos sus utensilios. También le había dado a ella el talento de cocinar, que le encantaba, no solo para sí misma, sino para disfrute de su familia y amigos. También le había dado la alegría de hacer descubrimientos, pues le encantaba encontrar nuevas ideas y recetas. Mientras leía acerca de alimentos, descubrió que los «viejos» valores nutritivos que se hallan en el libro de Levítico en la Biblia son tan válidos en la actualidad como lo eran cuando Dios se los dio a los israelitas al salir de Egipto.

COMPARTIENDO PARA LAS NECESIDADES DE LOS SANTOS; PRACTICANDO LA HOSPITALIDAD.

ROMANOS 12:13

A la gente le gustaba mucho ir a su casa y reunirse alrededor de la mesa de su cocina, quizá porque era amarilla, brillante y alegre, y allí parecían sentirse cómodos y aceptados. A lo largo de los años su mesa había sido el escenario de muchos momentos de deleite, de compartir, de reír, de dolor, de juegos, de comida, y de mucha comunión.

En las vacaciones, todo el mundo entraba y salía de la cocina, ayudando a cocinar, estando de visita, llevando tazas de café o de otras bebidas a los familiares, revolviendo, riendo, y chocándose con los demás.

Un día, Jennifer vio en la televisión un comercial de vacaciones en el que una mujer estaba agradecida por la comida instantánea porque le permitía salir de la cocina y pasar más tiempo con su familia. Ella se preguntaba por qué la familia de esa mujer no pasaba más tiempo en la cocina ¡con *ella!*.

Hasta los familiares que no están ahora en la cocina de Jennifer, participan en lo que está sucediendo. Ella recordaba un año en que su madre estaba haciendo salsa de carne en la cocina mientras que su padre, que estaba sentado en la sala, seguía dándole instrucciones y respondiendo sus preguntas sobre cantidades de ingredientes y tiempos de revolver.

¿Es tu cocina la clase de lugar donde todo el mundo se siente cómodo y bienvenido? Si no, ¿cómo puedes hacer de ella un lugar de más unión para tu familia, amigos y Dios? Podría ser tan fácil como planear una noche de pizza u hornear juntos unas galletas de chocolate. ¡Inténtalo!

DISCHOSA LA CASA
QUE ACOGE A UN AMIGO.

RALPH WALDO EMERSON

La verdadera sustancia

Señor, tú me examinas,
tú me conoces.

Salmo 139:1, NVI

Verónica puso el pastel en la mesa del comedor, y limpiándose el sudor de su frente examinó la escena que había ante ella. Las serpentinas adornaban el techo, los vasos y los platos estaban colocados, y el cálido resplandor de las velas añadía el toque perfecto. Era el decimoséptimo cumpleaños de su Henry, y ella estaba decidida a que aquella fuera una ocasión muy especial.

Los invitados comenzaron a llegar, y Verónica los dirigió hacia la sala. Como siempre, no dio resultado, y parecía que nunca resultaría. Cada vez que había una reunión en su casa, la gente se dirigía a la cocina. Exhaló un suspiro a la vez que se abría paso entre ellos para terminar sus preparativos. Todo el mundo se reía, hablaba y parecía sentirse en casa. Verónica se detuvo por un momento para recibir el cálido abrazo de una amiga. No podía seguir enojada.

La cocina era el corazón de su hogar. Sin importar en qué sitio ella quisiera que la gente estuviera, todos terminaban siempre en la cocina reunidos alrededor de la mesa como una familia. Ella sonrió, no importaba el desorden ni los adornos en los otros sitios de la casa. Lo que la gente quería era el corazón, la verdadera sustancia, la comodidad del hogar.

Así es el amor de Dios por nosotras. Él no necesita de adornos, no demanda estar con nosotras en nuestra mejor formalidad. Él ama lo que somos, el desorden y el confortable latido de nuestro ser. Es con nuestro ser que Él quiere pasar tiempo, hacia quien se siente atraído, a quien Él creó. Con Dios no tienes que fingir. Simplemente déjate amar por Él.

DIOS NO TE ACEPTA PORQUE LO MEREZCAS, O PORQUE HAYAS TRABAJADO DURO PARA ÉL, SINO PORQUE JESÚS MURIÓ POR TI.

COLIN URQUHART

UNA BARRA DE PAN

Janice miró el libro de recetas, y luego la vasija de mezclar, al tiempo que mantenía una constante conversación consigo misma, y añadía cada uno de los ingredientes. «Muy bien... muy bien, Janice. Un huevo, una taza de harina, un banano... mezclar bien. No lo estropees, solo tómalo con calma. ¿Qué tan difícil puede llegar a ser? Nada, ¡nada difícil! Les encantará». Hizo una pausa. «¿Y si no les gusta? ¿Y si piensan que soy una pésima cocinera, que voy a envenenar al vecindario?». Luego apartó de su mente esos pensamientos decidida a seguir adelante.

AMARÁS A TU PRÓJIMO COMO A TI MISMO.

LEVÍTICO 19:18

Más avanzada la tarde, envolvió sus ligeramente deformadas barras de pan de banano en papel plástico, y después de exhalar un profundo suspiro, se fue caminando a la casa de su vecina y tocó el timbre. Un anciano contestó y sorprendido le dio la bienvenida.

—¡Hola!

—Ah, hola. Sí... mm... Soy su vecina Janice. Quería traerle esta barra de pan de banano —le dijo con sus mejillas sonrojadas—. Bueno, básicamente porque pensé que podría gustarle... Yo no soy una gran cocinera, ni nada por el estilo, ESTÁ realmente comible, es solo que yo no soy lo que se diría una profesional.

—¿De verdad? —le interrumpió él con su sonrisa, y extendiendo su mano vacilante tomó una de las barras de pan—. Ha sido muy amable de su parte. Me encanta el pan de banano.

Janice quería volverlo a escuchar. ¿Le encantaba? ¡Oh, no! ¿Y si sabía horrible? ¿Y si ella hacía que nunca quisiera volver a probar el pan de fruta?

—Estoy seguro de que es maravilloso, Janice —dijo él, pareciendo leer sus frenéticos pensamientos—. Gracias. Usted me ha alegrado la tarde... sencillamente por su amabilidad.

Janice sonrió aliviada.

¡Es arriesgado dar de nosotras mismas! Algunas veces a duras penas sabemos cómo compartir la amistad y el amor con nuestros vecinos. Lo que hagamos, sin embargo, no es realmente importante. Lo que hace la diferencia en quienes nos rodean es el pensamiento, el tiempo, el interés que mostremos. Toma un momento y piensa en los vecinos que viven a cada lado de tu casa. ¿Qué puedes hacer hoy mismo para hacerles saber que te importan?

LA ACTITUD CON QUE SE ENTREGA ALGO TIENE MÁS VALOR QUE EL REGALO EN SÍ.

PROVERBIO FRANCÉS

OBTÉN ENTENDIMIENTO

¡A veces parece que la vida se viviera hacia atrás! Cuando somos jóvenes y tenemos solo una perspectiva limitada, debemos tomar las decisiones más grandes en nuestra vida, las cuales moldearán el resto de nuestros años. Pero podemos, y es sabio hacerlo, aprender de aquellos que han obtenido perspectiva de las experiencias de la vida.

SI TU OÍDO INCLINAS HACIA LA SABIDURÍA Y DE CORAZÓN TE ENTREGAS A LA INTELIGENCIA.

PROVERBIOS 2:2, NVI

En un estudio sociológico, se les hizo la siguiente pregunta a cincuenta personas de más de noventa y cinco años de edad: «Si pudiera usted volver a vivir su vida, ¿qué cosas haría de manera diferente?». Surgieron tres respuestas generales.

Si tuviera que volver a hacerlo todo...

- Reflexionaría más.
- Arriesgaría más.
- Haría más cosas que trascendieran después de mi muerte[25].

Una mujer de avanzada edad escribió lo siguiente acerca de cómo viviría su vida si tuviera que volver a empezar:

> Cometería más errores, me relajaría, me prepararía, sería más boba de lo que he sido, me tomaría menos cosas en serio, aprovecharía más oportunidades, escalaría más montañas y cruzaría nadando más ríos; comería más helados y menos granos, y quizá tendría más problemas reales, y menos imaginarios.
>
> Como ve, soy una de esas personas que vive de forma sana y sensata hora tras hora, día tras día. Claro, que he tenido mis momentos, y si me tocara volver a hacerlo todo, tendría más de esos momentos. De hecho, intentaría no hacer ninguna otra cosa, solo vivir los momentos, uno tras otro, en lugar de vivir tantos años anticipados[26].

¡Escucha y aprende! La vida no tiene que ser solo trabajo y nada de diversión. Sin embargo, quieres que tu vida sea significativa para Dios, para los seres queridos que te rodean y para ti misma.

Esta noche reflexiona sobre tu vida, y pídele a Dios que te muestre el verdadero significado de tu existencia, lo que debes lograr, y cómo divertirte en el camino.

EL CONOCIMIENTO LLEGA,
PERO LA SABIDURÍA PERMANECE.

ALFRED, LORD TENNYSON

SU PROMESA DE PAZ

Estad quietos,

y conoced que yo soy Dios.

Salmo 46:10

Una mujer que se crió en una granja muy grande en Pensilvania, recuerda con agrado algunos momentos especiales con su padre. Debido a que la estación de crecimiento y recolección de la cosecha se daba entre noviembre y marzo, ella recuerda haber pensado que su papá apartaba ese período cada año solo para estar con ella.

> Durante los meses de invierno, papá no tenía que trabajar tan duro y tanto tiempo como el resto del año. Parecía que en algunos períodos no trabajaba en absoluto. Por lo menos eso era lo que yo pensaba.
>
> Durante aquellos largos meses de invierno, tenía la costumbre de sentarse al lado de la chimenea. Nunca se negaba a mi intento de sentarme sobre sus piernas, y recompensaba mi esfuerzo abrazándome fuerte durante mucho tiempo. A menudo, me leía o me invitaba a que

yo le leyera una historia. Algunas veces me quedaba dormida mientras hablábamos de todas las cosas que eran importantes para los papás y las niñas pequeñas. Otras veces, no hablábamos de nada. Solamente nos quedábamos mirando al fuego y disfrutábamos de la calidez de nuestra cercanía. Cuánto atesoraba yo esos íntimos momentos.

A medida que crecía, me parecía extraño que otros niños temieran que llegaran los días de «encierro» del invierno. Para mí significaban el increíble placer de tener a mi padre muy cerca y todo para mí[27].

Al igual que el invierno es la estación que Dios dispuso para reposo de la tierra, algunas veces nosotras experimentamos el «invierno» en nuestra vida espiritual. El mundo puede parecernos un lugar frío, y puede que como los niños temamos «los días de encierro». A lo mejor nos sentimos ahogadas y acorraladas por esos inviernos espirituales.

Si estás pasando por un tiempo seco o invernal, ¿por qué no te acurrucas cerca del Padre celestial esta noche, y escuchas su tierna voz? ¡Con toda seguridad, el amor y el consuelo que Él quiere darte animarán tu corazón!

**LA PAZ
ES SIEMPRE
HERMOSA.**

WALT WHITMAN

ACUNADA

Hace unos años, dos jóvenes mujeres iban a bordo de un transbordador para cruzar el canal inglés desde Inglaterra a Francia. Aproximadamente a la mitad del viaje de cinco horas, el transbordador llegó a aguas turbulentas, y uno de los miembros de la tripulación les dijo que estaban pasando por una de las travesías más agitadas y tempestuosas del año. Las olas zarandeaban el transbordador con bastante violencia hasta el punto que aun la experimentada tripulación comenzó a sentirse mal.

AHORA ME LEVANTARÉ, DICE JEHOVÁ; PONDRÉ EN SALVO AL QUE POR ELLO SUSPIRA.

SALMO 12:5

Cuando el transbordador golpeó contra las agitadas aguas, las dos mujeres estaban comiendo una comida ligera en la parte de atrás del barco. Enseguida pusieron a un lado sus emparedados, y una de ellas se lamentó:

«¡Es difícil comer mientras estás encima de un toro mecánico!»

Cuando estuvo claro que el grado de inclinación del barco no iba a cambiar, una de las mujeres decidió regresar al asiento que tenía asignado en la mitad del transbordador. Pronto se quedó dormida y no siguió sintiendo náuseas. Hacia el final del viaje, cuando el transbordador estuvo en aguas más tranquilas en la costa francesa, la otra mujer se reunió con ella.

—Fue terrible —exclamó—. ¡Tuve náuseas por dos horas!

—Lo siento —dijo la otra mujer casi avergonzada al admitir que a ella no le había sucedido nada de eso.

—¿No estuviste mal? —le preguntó su amiga con sorpresa.

—No —admitió su amiga—. Aquí en nuestros asientos debe haber estado la piedra angular del movimiento del barco. Podía ver que la parte de adelante y de atrás del barco se movían arriba y abajo con violencia, pero aquí el movimiento era relativamente suave. La verdad es que me imaginé a mí misma acunada en los brazos de Dios, y me quedé dormida.

Puede que en este día la vida alrededor de ti haya sido incómoda y tormentosa. Puede parecer que toda tu vida se esté moviendo de arriba abajo sobre aguas turbulentas. Pero cuando regreses al «Centro» de tu vida, el Señor te guardará con seguridad. Deja que te acune tiernamente hasta que te duermas, y confía en que mañana Él te sacará de las aguas turbulentas.

TODO LO QUE HE VISTO ME ENSEÑA A CONFIAR EN EL CREADOR PARA TODO LO QUE NO HE VISTO.

RALPH WALDO EMERSON

CREADA DE FORMA ÚNICA

Cuando estés en la cama esta noche, estira tus extremidades en todas las direcciones y después relájate por un momento para meditar en el hecho de que tu cuerpo ha sido creado de forma aterradora y maravillosa. La palabra *aterradora,* en este contexto, es como la palabra de calidad suprema que se ha hecho popular entre los adolescentes en años recientes. *¡Increíble!*

TE ALABARÉ; PORQUE FORMIDABLES, MARAVILLOSAS SON TUS OBRAS; ESTOY MARAVILLADO, Y MI ALMA LO SABE MUY BIEN.

SALMO 139:14

Cuando te detienes a pensar en todos los complejos detalles implicados en el funcionamiento normal de tu cuerpo, que es solo una creación entre incontables especies y organismos en el planeta, debes llegar a esta conclusión: «El Diseñador de *esta* obra tenía un plan maravilloso».

Escucha el latido de tu corazón. Dobla los dedos de tus manos y pies. Al hacerlo, ten en cuenta los siguientes hechos:

- Ninguna otra persona en toda la humanidad tiene tus mismas huellas dactilares, las huellas de tus manos o de tus pies.

- Ninguna otra persona tiene tu misma voz.
- Ninguna otra persona tiene tu código genético, la posición exacta de los muchos genes que definen tus características físicas.

Además, ninguna otra persona tiene tu historia exacta en el tiempo y el espacio. Nadie más ha ido donde tú has ido, ha hecho lo que tú has hecho, ha dicho lo que tú has dicho ni ha creado lo que tú has creado. Tú eres una verdadera y única obra maestra.

El Señor sabe con toda precisión *cómo* y *por qué* fuiste creada. Cuando algo falla en tu vida, Él sabe cómo arreglarlo. Cuando cometes un error o quebrantas sus mandamientos, Él sabe cómo hacerte volver, e incluso utiliza las peores tragedias y errores para tu bien cuando te arrepientes.

Tú has sido creada de forma única para un propósito específico sobre la tierra. Él tiene un «diseño» para tu vida, que es su propio grabado, su propia marca. Toma la determinación en estas horas de la noche de permanecer fiel a aquello que el Señor te ha hecho ser y en lo que llegarás a ser.

PARA SER IRREMPLAZABLE
UNO DEBE SER SIEMPRE DIFERENTE.

GABRIELLE COCO CHANEL

La edad es una actitud

El justo florecerá como la palmera ...
aun en la vejez fructificarán.

Salmo 92:12, 14

Cuando le preguntaron a Helen Keller cómo se aproximaría a la vejez, ella respondió:

La edad parece ser solamente otro obstáculo físico, y no me produce ningún temor. Una vez, un querido amigo que tenía ochenta años, grabó en mí el hecho de que ahora disfrutaba más de la vida que cuando tenía veinticinco. «Nunca cuentes cuántos años tienes, como dicen los franceses», decía él a menudo, «sino cuántos intereses tienes. No eches a perder tus días dando por sentado a las personas que tienes a tu alrededor o las cosas que constituyen tu ambiente, y siempre permanecerás en un ámbito de belleza que nunca se desvanece».

Ciertamente, para mí es muy natural creer que la cosecha de felicidad más abundante, viene con la edad así como la verdadera vista y el verdadero oído están en el interior. Con toda confianza asciendo por la amplia escalera que el amor y la fe han construido, hasta llegar a las alturas donde «alcanzaré el punto sin fronteras del cielo»[28].

El poema titulado «¿Cuántos años tienes?» refuerza la idea de que la *actitud* es lo que determina nuestra edad:

> La edad es una cualidad de la mente:
> Si has dejado atrás tu sueño,
> Si la esperanza está fría,
> Si ya no miras hacia delante,
> Si tus fuegos de ambición se han extinguido,
> Entonces eres viejo.
> Pero si tomas lo mejor de la vida,
> Y en la vida guardas la broma,
> Si te agarras al amor,
> No importa cómo pasen los años,
> No importa cómo vuelan los cumpleaños,
> Tú no eres viejo[29].

Años antes de alcanzar lo que llamaríamos «la edad dorada», determinamos si ese tiempo estará lleno de gracia y de placer, o si será un tiempo en el que revivamos las heridas de la vida con amargura. La actitud con la que invirtamos nuestros días ahora será la característica de los días de nuestros años veteranos.

NO SE TRATA DE LOS AÑOS QUE TENGAS,
SINO DE CÓMO LOS TENGAS.

ANÓNIMO

La decisión a la puesta del sol

Jenny Lind, conocida como «el ruiseñor sueco», alcanzó el éxito mundial como cantante de ópera de gran talento. Ella cantó para jefes de estado en muchos países y emocionó a cientos de miles de personas en una era en que todas las actuaciones se hacían en directo.

Jenny no solo incrementó su fama, sino su fortuna . Sin embargo, en la cima de su carrera, en un momento en que su voz estaba en todo su esplendor, dejó los escenarios para nunca volver.

SI A USTEDES LES PARECE MAL SERVIR AL SEÑOR, ELIJAN USTEDES MISMOS A QUIÉNES VAN A SERVIR... POR MI PARTE, MI FAMILIA Y YO SERVIREMOS AL SEÑOR.

JOSUÉ 24:15, NVI

Debe haber extrañado la fama, el dinero y el aplauso de miles, o al menos así lo suponen sus seguidores, pero ella se contentó con vivir en un tranquilo aislamiento junto a su esposo.

Una vez, un amigo inglés fue a visitarla, y la encontró en la playa con una Biblia sobre sus rodillas. A medida que se acercaba, vio que su atención estaba fija en una magnífica puesta de sol.

Hablaron de los tiempos pasados y de anteriores conocimientos, y al final la conversación giró en torno a su nueva vida.

—¿Cómo fue que llegaste a abandonar los escenarios en lo más alto de tu carrera? —le preguntó él.

Jenny le dio una respuesta tranquila que reflejaba la paz que había en su corazón.

—Cuando cada día me hacía pensar cada vez menos en esto (poniendo un dedo sobre la Biblia) y nada en absoluto en eso (señalando la puesta de sol), ¿qué otra cosa podía hacer?

¿Te ha robado una vida ocupada y exitosa algunos de los más preciosos regalos de Dios? La próxima vez que no mires una puesta de sol o pases por alto el tiempo de oración debido a una agenda repleta, recuerda las prioridades de Jenny.

Nada en la vida es tan precioso como la relación con tu Padre celestial, y luego las relaciones con tus familiares y amigos. La máxima satisfacción no está en una carrera o en el dinero, sino en la relación con Dios y con los demás.

SI COMPRENDEMOS BIEN LA BREVEDAD DE LA VIDA, NUESTRO MAYOR DESEO SERÁ AGRADAR A DIOS Y SERVIRNOS LOS UNOS A LOS OTROS.

JAMES C. DOBSON

SIGUE EN FALTA

Hace algunos años, un médico investigador realizó un extenso estudio sobre la cantidad de oxígeno que una persona necesita durante el día. Él pudo demostrar que un trabajador promedio respira ochocientos ochenta y siete centímetros cúbicos de oxígeno durante un día de trabajo, pero utiliza novecientos diecisiete. Al final del día le faltan treinta cc, y su cuerpo está cansado.

Al dormir respira más oxígeno del que utiliza para dormir, y por eso en la mañana ha recuperado cinco sextos de los treinta centímetros cúbicos que le faltaban. ¡La noche de descanso no llega a equilibrar por completo el día de trabajo!

Cuando llega el séptimo día, le vuelve a faltar los treinta cc, y debe descansar todo un día para reponer el oxígeno que su cuerpo necesita.

Además, demostró que reponer treinta cc de oxígeno requiere de treinta a treinta y seis horas (un día de veinticuatro horas más las noches anterior y posterior) cuando parte del descanso se realiza mientras se está despierto y en movimiento.

POR TANTO, QUEDA UN REPOSO PARA EL PUEBLO DE DIOS. PORQUE EL QUE HA ENTRADO EN SU REPOSO, TAMBIÉN HA REPOSADO DE SUS OBRAS, COMO DIOS DE LAS SUYAS.

HEBREOS 4:9-10

Con el tiempo, no reponer las reservas de oxígeno da como resultado la muerte real de las células y, al final, la muerte prematura.

Una persona se restaura cuando toma el séptimo día como un día de descanso[30].

¿Te parece conocido? El Dios que nos creó no solo nos *invita* a descansar, sino que creó nuestros cuerpos de tal forma que *demandan* descanso.

La mayor parte de la gente piensa que «guardar el día de reposo» es solamente un acto de devoción a Dios. Pero volver tu atención hacia Él puede ofrecerte un verdadero descanso y reposición en todas las esferas de tu vida integral: espíritu, alma *y* cuerpo. Él no es solo nuestra fortaleza diaria, sino nuestra fuente de descanso, recreación y reabastecimiento.

SIENTO COMO SI DIOS, AL DAR EL DÍA DE REPOSO, HUBIERA DADO CINCUENTA Y DOS PRIMAVERAS AL AÑO.

SAMUEL TAYLOR COLERIDGE

TIEMPO DISCRECIONAL

Sobre todas tus posesiones
adquiere inteligencia.

Proverbios 4:7

Los aparatos y artilugios modernos para ahorrar tiempo nos dan la oportunidad de elegir cómo utilizar nuestro tiempo. Podemos pasar menos tiempo haciendo cosas de las que no disfrutamos para poder tener más tiempo para hacer las cosas que sí disfrutamos. ¿Pero qué es lo que nos gusta hacer?

La alumna universitaria de veinte años, Amy Wu escribió sobre una tía suya que «cuida de su casa como si fuera su hija». La casa luce impecablemente limpia, y por lo general huele a comida casera. Las rosas provenientes del jardín se hallan en hermosos jarrones formando ingeniosos arreglos. Su tía puede darse el lujo de tener un ama de llaves, pero realmente disfruta haciendo las tareas del hogar.

Amy siguió escribiendo: «Soy un desastre en las tareas domésticas. He escogido ser inepta en lo que mi tía ha empleado tanto tiempo en perfeccionar. Cuando tenía trece años, evitaba las tareas domésticas como mi contribución al movimiento feminista. Hasta ahora he pensado que en ese tiempo había cosas más importantes para hacer».

Pero esas «cosas más importantes» no resultaron serlo tanto. Explicó ella: «No es como si estuviéramos utilizando el tiempo que ahorramos para emprender cosas que valgan la pena... La mayor parte de mis amigos pasan los minutos extra viendo la televisión, escuchando música, haciendo compras, saliendo por ahí, hablando por teléfono o dormitando».

Un día decidió preparar una cena para su familia. Mientras la comida se cocinaba, le escribió una carta a una prima. Después hizo un pastel de chocolate para celebrar el cumpleaños de su hermana. Fue todo un éxito. «Aquella noche sonreí cuando mi padre y mi hermana se comían la pasta y luego el pastel, chupándose los labios en señal de agradecimiento. Hacía mucho tiempo que no me sentía tan orgullosa. Una semana después, mi prima me llamó para darme gracias por la carta. Era la primera escrita con puño y letra que había recibido en dos años».

Amy concluyó diciendo: «Es cierto que mi generación tiene todos los avances tecnológicos a su disposición, como las computadoras, y eso nos da más tiempo. ¿Pero para qué lo estamos ahorrando realmente? Al final, puede que perdamos más de lo que hemos ganado al olvidar las cosas importantes de la vida»[31].

Escoge pasar tu tiempo discrecional de forma sabia, preocupándote por tu familia y acercándote más al Señor. ¡Sobre todas tus posesiones adquiere entendimiento!

LA GRAN REGLA DE LA CONDUCTA MORAL, DESPUÉS DE DIOS, ES RESPETAR EL TIEMPO.

JOHANN KASPAR LAVATER

DESCANSAR EN EL SEÑOR

Cuenta la historia que hace muchos años un buque de vapor inglés naufragó en una costa rocosa. Doce mujeres emprendieron camino en las oscuras y tormentosas aguas en un bote salvavidas, y el agitado mar de inmediato las alejó del lugar del naufragio. Al no tener remos, estaban a merced del viento y de las olas, y pasaron toda una tormentosa noche siendo llevadas de acá para allá por la rugiente tempestad.

Quizá habrían perdido todas las esperanzas de no haber sido por el vigor espiritual de una de las mujeres, que era conocida por su trabajo en oratorios sacros. Con toda calma ella oró en voz alta por protección divina. Entonces, instando a sus compañeras a poner su confianza en el Señor, las alentó cantando himnos consoladores.

EL QUE HABITA AL ABRIGO DEL ALTÍSIMO MORARÁ BAJO LA SOMBRA DEL OMNIPOTENTE.

SALMO 91:1

A lo largo de las oscuras horas su voz resonaba a través del agua. Temprano en la mañana, una pequeña embarcación llegó buscando supervivientes. El hombre que iba al mando no habría visto a las mujeres en medio de la niebla si no hubiera escuchado cantar a una de ellas una estrofa de *Elías*: «Oh, descansa en el Señor, espera en Él con paciencia».

Virando en dirección a la fuerte voz, enseguida pudo divisar el bote salvavidas que iba a la deriva. Aunque muchas otras personas se perdieron aquella noche, las pocas que confiaron fueron rescatadas.

¿Has pasado alguna vez una larga noche sin dormir en que las pruebas y las «tormentas» del día se negaban a dejarte tranquila? ¿Has sido incapaz de conciliar el sueño a causa de las preocupaciones por lo que pueda traer el mañana? Quizá hayas sentido que estás a la deriva en medio de un océano de responsabilidades y sin ningún rescate a la vista.

En lugar de permanecer inundada de preocupación, frustración, temor o enojo, intenta cantar himnos de fe, ya sea en voz alta o en tu mente. Cuando fijas tus pensamientos en el verdadero Rescatador, es probable que te encuentres relajándote en sus brazos y que te quedes dulcemente dormida.

DIOS LAVA LOS OJOS CON LÁGRIMAS HASTA QUE PUEDAN CONTEMPLAR LA TIERRA INVISIBLE DONDE YA NO HABRÁ MÁS LÁGRIMAS.

HENRY WARD BEECHER

VALOR ESENCIAL

«A la una... a las dos... ¡adjudícalo!». Terminada la puja, el subastador dio un golpe. La puja ganadora realizada para una silla mecedora que había sido valorada entre los tres mil y cinco mil dólares, fue de 453.500.

Este fue el caso durante la subasta. Un automóvil de segunda valorado entre los 18.000 y los 22.000 dólares se vendió por 79.500. Un juego de vasos verdes valorado en 500 dólares, se vendió por 38.000. Un collar valorado entre los 500 y los 700 dólares salió por 211.500. Durante cuatro días artículos de un valor normal se vendieron a precios exorbitantes. ¿Por qué? Porque los objetos subastados eran parte de los bienes de Jacqueline Kennedy Onassis.

USTEDES SON DE CRISTO, Y CRISTO ES DE DIOS.

1 CORINTIOS 3:23,NVI

¿Cómo calculamos el valor? ¿Cómo determinamos lo que tiene valor para nosotras?

Al igual que en la venta de los objetos pertenecientes a los Kennedy, algunas cosas son valiosas debido solamente a la persona a quien pertenecían. Pablo escribió a los corintios: «Habéis sido comprados por precio» (1 Corintios 6:20).

Pedro escribió: «Fuisteis rescatados ... no con cosas corruptibles, *como* oro o plata, sino con la sangre preciosa de Cristo» (1 Pedro 1:18-19). El precio del que Pablo y Pedro hablan fue el precio por nuestro pecado pagado por Jesucristo en su muerte en la cruz.

Puede que aumentemos de modo excesivo el valor de una persona debido a su posición económica, su influencia o su potencial para beneficiarnos; o puede que digamos que una persona no tiene valor porque tiene pocas posesiones o porque no puede ayudarnos. Pero las Escrituras nos dicen que cuando aún éramos pecadores, Jesucristo murió por nosotros (véase Romanos 5:8). Cuando no teníamos ningún valor e incluso nos oponíamos a Dios, Él pagó el precio para redimir nuestras vidas.

Cada individuo sobre la faz de la tierra es alguien por quien Jesús murió. Debido al alto precio de la redención, todas las personas, sin importar su valor económico, tienen una gran importancia.

Siempre que te sientas deprimida y sin valor, medita en estas palabras: tu valor está determinado por Dios. Él te amó y te valoró tanto que envió a su Hijo a morir para que tú pudieras convertirte en su hija. ¡Nunca dudes de tu importancia y tu valor!

TODO LO QUE NUNCA PUDE SER,
TODO LO QUE LOS HOMBRES
PASARON POR ALTO EN MÍ:
ESO, ME DIO VALOR PARA DIOS.

ROBERT BROWNING

RITUALES

El corazón apacible es vida de la carne.

Proverbios 14:30

La palabra «ritual» se deriva de la palabra «rito», que significa «un acto ceremonial o formal, un acto solemne, observancia o procedimiento de acuerdo a la norma o costumbre determinada»[32]. Un ritual se refiere a un sistema de ritos, en otras palabras, hacer la misma cosa cada vez de la misma manera. Los rituales son costumbres comunes, únicas de una era o grupo de personas.

La palabra rito originalmente tenía una connotación religiosa. Los ritos más conocidos de la Iglesia, tanto en el pasado como en el presente, han sido el bautismo, la comunión, la confirmación, el matrimonio y el entierro. Estos ritos proporcionan una consoladora continuidad cuando los significados permanecen vivos y atesorados.

Por ejemplo, cuando un nuevo convertido y la congregación entienden que el bautismo en agua es una afirmación externa de lo que ya ha ocurrido interiormente, el «viejo hombre» ha muerto con Cristo Jesús (descendiendo bajo el agua) y es resucitado con Cristo Jesús (saliendo del agua), el servicio bautismal se convierte en un tiempo poderoso de alabanza.

En un nivel más terrenal, en la sociedad actual un ritual puede ser algo que se realice con regularidad. Puede referirse a algo tan sencillo como cepillarnos los dientes. Ya sea que nos demos cuenta o no, todas nosotras llevamos a cabo rituales. Las cosas que hacemos para prepararnos para trabajar en la mañana y las cosas que hacemos cuando llegamos a casa cada noche, son rituales que proporcionan orden, significado y seguridad a nuestras vidas.

Al igual que los rituales religiosos, nuestros rituales cotidianos pueden proporcionarnos paz y consuelo, o pueden dejarnos frustradas y sin vida. Nuestra rutina cotidiana debería incluir rituales que equilibren y enriquezcan nuestras vidas espiritual, mental, emocional, social, profesional y físicamente.

Un tiempo devocional antes de ir a la cama toca cada esfera. Orar purifica el corazón, leer la Palabra de Dios renueva la mente, recibir más del amor incondicional del Padre celestial evoca sentimientos de serenidad, tener comunión con el Señor nos da un sentido de pertenencia y nos guía en nuestro trabajo. Y todas esas cosas hacen sentir el cuerpo relajado y en paz.

> **CUANDO ESTOY CON DIOS, MI TEMOR SE ALEJA EN SU GRAN QUIETUD. MIS PROBLEMAS SON COMO GUIJARROS EN EL CAMINO. MIS ALEGRÍAS SON COMO LAS PERDURABLES MONTAÑAS.**
>
> WALTER RAUSCHENBUSCH

Restauración

En un remoto pueblecito suizo, había una hermosa iglesia conocida como la catedral de Mountain Valley. La iglesia era no solo hermosa a la vista con sus elevados pilares y magníficas ventanas de vidrio, sino que también tenía el más increíble órgano de toda la región. La gente acudía desde kilómetros de distancia, aun desde lugares muy lejanos, para escuchar los maravillosos tonos de aquel órgano.

LOS QUE ESPERAN A JEHOVÁ TENDRÁN NUEVAS FUERZAS; LEVANTARÁN ALAS COMO LAS ÁGUILAS; CORRERÁN, Y NO SE CANSARÁN; CAMINARÁN, Y NO SE FATIGARÁN.

ISAÍAS 40:31

Un día surgió un problema. Las columnas seguían allí y las ventanas seguían resplandeciendo con la luz del sol, pero un extraño silencio rodeaba el valle. La zona ya no resonaba con la gloriosa y afinada música del órgano.

Músicos y expertos llegaron de todos los rincones del mundo e intentaron reparar el instrumento. Cada vez que una persona intentaba arreglarlo, los habitantes del pueblo escuchaban sonidos disonantes, ruidos horribles que parecían contaminar el aire.

Un día, apareció un anciano en la puerta de la iglesia, que habló con el sacristán, y después de un tiempo este, a regañadientes, permitió que aquel hombre se pusiera manos a la obra para reparar el órgano.

Durante dos días el anciano trabajó en un silencio casi absoluto. El sacristán estaba comenzando a ponerse nervioso.

Entonces, al tercer día, precisamente al mediodía, el valle volvió a llenarse con la gloriosa música. Los granjeros dejaron sus arados, los comerciantes cerraron sus negocios, y todo el mundo en el pueblo dejó de hacer lo que estaba haciendo para dirigirse hacia la catedral. Incluso los arbustos y los árboles de lo alto de las montañas parecían responder a medida que la gloriosa música resonaba de lado a lado.

Después de que el anciano terminó de tocar, una valiente alma le preguntó cómo fue que pudo restaurar el magnífico instrumento cuando los expertos de todo el mundo no habían podido hacerlo. El anciano dijo simplemente: «Hace cincuenta años yo construí este órgano. Yo lo creé, y ahora lo he restaurado».

Dios te creó a ti, y sabe exactamente lo que necesitas para vivir tu vida con toda plenitud. Como tu Creador Él puede restaurarte al final de un día agotador ¡para que mañana puedas interpretar una hermosa música!

QUIEN PLANTA UN ÁRBOL PLANTA UNA ESPERANZA.

LUCY LARCOM

TERMINAR CON FUERZA

Los relatos de los evangelios de Mateo, Marcos y Lucas nos dicen que Jesús terminó su vida y ministerio terrenales gritando a gran voz, obviamente con toda energía. Lucas además nos dice que al gritar, Jesús encomendó su espíritu al Señor, dando su todo al Padre.

ENTONCES JESÚS, CLAMANDO A GRAN VOZ, DIJO: PADRE, EN TUS MANOS ENCOMIENDO MI ESPÍRITU. Y HABIENDO DICHO ESTO, EXPIRÓ.

LUCAS 23:46

¡Qué ejemplo tan maravilloso de la forma en que podríamos terminar nuestro trabajo cada día!

En primer lugar, *necesitamos «terminar con fuerza»*. En la tarde deberíamos con frecuencia reenfocar y doblar nuestros esfuerzos. Los que trabajan en oficinas a menudo comprueban que su tiempo más productivo es a la última hora del día, cuando todos los demás se han marchado a sus casas, y el teléfono ha dejado de sonar. Los que trabajan en casa también tienden a experimentar una urgencia al final del día para dejar todas las cosas hechas antes de pasar a horas más relajadas.

Seremos sabias si oramos al entrar en la recta final del día: «Padre, dame tus fuerzas y energías para concluir lo que he comenzado. Ayúdame ahora a caminar otro kilómetro».

En segundo lugar, *necesitamos encomendar nuestro trabajo al Señor.* Al terminar nuestro trabajo debemos decir: «Gracias, Señor por la energía, la salud y la creatividad para poder hacer lo que hice hoy. Ahora, te entrego todos los derechos de lo que he hecho. Confío en ti para que avientes lo que no tiene valor y hagas que lo que sí lo tiene perdure y beneficie a los demás. Te lo entrego todo a ti».

Terminar con fuerza y encomendar nuestro trabajo al Señor requiere de humildad. Debemos reconocer que el Señor es la Fuente de toda nuestra capacidad y poder para llevar a cabo cosas y tener éxito.

Esta tarde cuando te detengas, elige terminar bien el día, y después entrégale al Señor lo que hayas hecho.

LA RELIGIÓN SIN ORACIÓN NO ES MÁS POSIBLE DE LO QUE ES LA POESÍA SIN PALABRAS O LA MÚSICA SIN ATMÓSFERA.

JAMES MARTINEAU

PODEROSO VOLANTE

Porque todo lo que es nacido
de Dios vence al mundo; y esta es la victoria
que ha vencido al mundo, nuestra fe.

1 Juan 5:4

Pocas cosas en la vida nos hace sentir tan poderosos como estar detrás del volante de un auto. Por el hecho de saber que el vehículo pesa dos toneladas, y que puede viajar a una velocidad hasta de ciento sesenta kilómetros por hora, tendemos a sentirnos casi invencibles, lo cual es un buen sentimiento después de un largo y duro día de trabajo.

Es triste, pero esa apasionante sensación a menudo da como resultado un comportamiento peligroso o rudo, como cambiar de carril antes de indicar, conducir demasiado rápido, no guardar las distancias requeridas, no querer adecuarse al tráfico, pasar semáforos en rojo o señales de parar, mandar ráfagas de luz larga, o hacer sonar estrepitosamente la bocina. Cuando cedemos al impulso de hacer una de estas cosas, pensando que: «esta vez no causará daño», o «tengo mucha prisa», o «todo el mundo lo hace», llegamos a formar parte de un problema en lugar de una solución.

¿Cómo deberías actuar cuando estás sentada al volante al final de tu día de trabajo regresando a casa? Pon música de inspiración, como canciones de alabanza, o escucha música clásica a bajo volumen. Antes de encender el motor eleva una corta oración pidiendo seguridad, y decide ser una conductora amable y cortés, en vez de un peligro en la carretera. Utiliza esos momentos para regocijarte por el trabajo que acabas de terminar.

¿Qué haces cuando otros conductores parecen salirse de su carril para hacer de tu tiempo al volante un «tiempo de locura»? Resiste al impulso de gritar, levantar el puño o responder de la misma manera a las ofensas de los otros conductores. En cambio, haz una oración por ellos, sonríe y diles adiós con la mano. ¡Haz que se pregunten si no te habían visto antes!

Ten fe para que Dios convierta cada problema en bendición. ¡De seguro pasarás una tarde mucho más agradable cuando finalmente llegues a casa!

> POR ENCIMA DE TODO, GUÁRDATE DE LIMITAR A DIOS EN TU ORACIÓN. NO SOLO POR LA INCREDULIDAD, SINO POR IMAGINAR QUE SABES LO QUE ÉL PUEDE HACER.
>
> ANDREW MURRAY

SACA TIEMPO PARA LA BELLEZA

«Mantén un espacio en la vida para la belleza», dice la predicadora inglesa Leslie Weatherhead. «Aquel que guarda un lugarcito en su vida para la belleza verá que eso hace algo por él y dentro de él. Ese algo es un proceso que continúa cuando la belleza ya no está delante de sus ojos y sus oídos, como una semilla que crece en secreto en la oscuridad. Dios, mediante un secreto ministerio puede convertir la imagen de un copo de nieve en esperanza, y la imagen del amanecer en ánimo»[33].

La belleza alimenta nuestras almas como la comida nutre nuestros cuerpos. La belleza nos señala hacia lo trascendente, nos lleva más allá de lo finitos que somos y abre nuestros corazones a aquello que es mayor y más grande que nosotros mismos. Hay un algo en la belleza que nos lleva a la asombrosa presencia de lo infinito y lo eterno.

UNA COSA HE DEMANDADO A JEHOVÁ, ÉSTA BUSCARÉ... PARA CONTEMPLAR LA HERMOSURA DE JEHOVÁ.

SALMO 27:4

Al meditar en sus prioridades, un eminente científico inglés dijo que dedicaría más tiempo a disfrutar de las cosas bellas. Él dijo:

Si tuviera que volver a vivir mi vida, como regla leería algo de poesía y escucharía

> música al menos una vez a la semana. Pienso que quizá la parte de mi cerebro que ahora está atrofiada de esa manera se habría mantenido activa por el uso. La pérdida de esos gustos es una pérdida de felicidad, y posiblemente sea injurioso para el intelecto, y de pronto más para el carácter moral por el debilitamiento de la parte emocional de nuestra naturaleza[34].

Algunas veces necesitamos que se nos recuerde que nos calmemos lo suficiente como para encontrar la belleza en aquellas cosas ante las que pasamos apresuradamente cada día. Saquemos tiempo para la belleza. Haz una cita contigo misma para recorrer una galería de arte, para visitar una iglesia hermosa, o para pasear en un parque o un jardín.

Si sencillamente no tienes tiempo para eso, entonces recuerda los hermosos lugares capturados en los recuerdos, momentos de sola alegría o una «imagen» mental de una majestuosa montaña nevada en su pico, o una noche de luna.

Deja que Dios use la belleza que ha creado para despertar en ti el deseo de tener más de Él.

EN LA FRESCURA DEL DÍA, CON DIOS CAMINO POR LA AGRADABLE SOMBRA DE MI JARDÍN, ESCUCHO SU VOZ ENTRE LOS ÁRBOLES Y NO TENGO TEMOR.

ANÓNIMO

BAJO EL AGUA

La hora del té es un maravilloso momento para uno reorganizarse, volver a pensar y refrescarse. Se produce en una parte del día en que estamos un poco agotadas por las actividades, pero cuando estas aún no han terminado. Es lamentable, pero no todas nosotras podemos hacer una pausa para tomarlo como debería ser, sin embargo, sin ese descanso las tareas que aún quedan por hacer pueden amenazar con «hundirnos»

A medida que las sombras del día se alargan, nuestros ánimos pueden ir disminuyendo. Sin embargo, acercarnos al refrescante poder del Espíritu Santo nos llevará hasta el final de un estresante día. Podemos obtener una paciencia renovada, un nuevo sentido del humor y una nueva oleada de creatividad y perspectiva consiguiendo la ayuda del ministerio del Espíritu dentro de nosotras. Con frecuencia, es durante esas últimas horas de la tarde cuando más necesitamos su ayuda extra.

MAS ÉL CONOCE MI CAMINO; ME PROBARÁ, Y SALDRÉ COMO ORO.

JOB 23:10

Los joyeros afirman que una de las pruebas más seguras para los diamantes es la prueba de la inmersión en agua. «Un diamante de imitación nunca tiene tanto brillo como una piedra auténtica. Si tu vista no tiene experiencia para detectar la diferencia, una sencilla prueba es poner la piedra bajo el agua. El diamante de imitación prácticamente se extingue, mientras que el auténtico brilla incluso bajo el agua y es claramente visible. Si se pone bajo el agua una piedra auténtica al lado de una imitación, el contraste es obvio aun para el ojo menos experimentado».

Así debería ser con los cristianos cuando sus cabezas están «bajo el agua» al final del día. El poder del Espíritu Santo debería brillar tanto dentro de ellos, refrescándolos y renovándolos a pesar del acoso del día, que debería ser fácil para la persona común y corriente decir que hay algo auténticamente diferente en su vida.

Pídele al Espíritu Santo que hoy, en este mismo momento te dé su poder y su presencia. Ora para que Él te ayude de la forma en que más lo necesites ¡y que te haga brillar como un diamante bajo el agua!

**LA ORACIÓN EN LA MAÑANA ES LA LLAVE
QUE NOS ABRE LOS TESOROS DE LA MISERICORDIA
Y LA BENDICIÓN DE DIOS, EN LA TARDE, ES LA LLAVE QUE
NOS CIERRA BAJO SU PROTECCIÓN Y SALVAGUARDA.**

ANÓNIMO

¿HAY ALGUIEN AHÍ?

Así alumbre vuestra luz delante de los hombres,
para que vean vuestras buenas obras,
y glorifiquen a vuestro Padre que está en los cielos.

Mateo 5:16

Una de las mayores quejas que algunas de nosotras tenemos acerca de la vida de hoy, es el sentimiento de que nos relacionamos más con las máquinas que con las personas. Desde que las computadoras se convirtieron en recursos fundamentales para los negocios, y los televisores en el centro de entretenimiento para la mayoría de los hogares, ha sido cada vez más difícil tener un importante contacto humano en nuestras vidas cotidianas. Es incluso más difícil encontrar personas que se desvíen de su camino para hacer algo amable por una persona a la que no conocen.

Cuando una fábrica de uniformes en el oeste medio cerró sus puertas por la que sería su última vez, uno de sus clientes no hizo lo mismo. Mientras que los trabajadores de la fábrica se enfrentaban al desempleo seguro en su pequeño pueblo, ese caballero decidió comprar y volver a abrir la planta. No es necesario decir que los trabajadores quedaron sorprendidos, agradecidos e incrédulos.

El hombre, nativo del oeste medio, que poseía varias fábricas de uniformes en la costa oeste, había amasado una gran fortuna. Él creía que si tu copa estaba llena y rebosando, deberías compartir tus bendiciones con los demás. Cuando fue a realizar un pedido y descubrió que la fábrica ya estaba fuera del mercado, decidió poner en acción su filosofía.

El cliente compró la fábrica y comenzó a hacer que la gente volviera a trabajar. Les proporcionó a sus empleados su primer plan de salud, innovó los estilos de los uniformes con el fin de hacerlos más atractivos para los compradores, comenzó a renovar la maquinaria, e hizo otras mejoras en la planta[35].

¿Necesitas ser rica para llevar un rayo de esperanza a la vida de alguien? ¡Claro que no! Algunas veces el dinero produce un cambio significativo, pero es realmente la persona que firma el cheque y su deseo de hacer algo bueno lo que está detrás de él.

Sin importar lo mucho o lo poco que tengamos, cada una de nosotras puede hacer algo para allanar algo el camino de otra persona.

DALE AL MUNDO
LO MEJOR QUE TENGAS,
Y LO MEJOR REGRESARÁ A TI.

ANÓNIMO

REUNIONES CIRCADIANAS

Una vez, un consultor de negocios aconsejó a los ejecutivos para que siguieran las siguientes pautas para organizar sus reuniones y citas:

- Realizar desayunos de trabajo para preparar agendas, entregar tareas y presentar nuevos proyectos.
- Realizar comidas de trabajo para negociar, dar consejo a miembros clave del personal, y discutir correcciones y ajustes.
- Realizar reuniones en la tarde para entrevistar a posibles empleados, clientes o vendedores, para devolver llamadas telefónicas, y para resolver asuntos personales.

TODO TIENE SU TIEMPO, Y TODO LO QUE SE QUIERE DEBAJO DEL CIELO TIENE SU HORA.

ECLESIASTÉS 3:1

Desde la perspectiva de este consultor, las horas de la mañana son las mejores para realizar actividades, las del mediodía para resolver problemas, y las de la tarde para las actividades más intensas con personas. La razón tiene poco que ver con la administración, y mucho con la biología. Nuestros «ritmos circadianos» parecen situarnos en un momento de alta energía en la mañana y de baja energía en la tarde. Reunirse con personas requiere de menos energía que atender tareas y detalles.

Quizá esta tarde te puedas reunir con una amiga o invitar a otros colegas a tu oficina para tener un tiempo de refrigerio y conversación. Organiza las reuniones en la tarde para fortalecer las relaciones. Saca tiempo para una breve conversación al final del día con una secretaria o con otro subalterno. Saca tiempo para la conversación tranquila, y comparte algunos asuntos personales, como las travesuras de un niño o los logros de un adolescente en la familia.

Sin lugar a dudas Jesús pasó días completos en el ministerio predicando, enseñando y sanando a aquellos que acudían a Él en masa. Pero al término de sus intensivas horas de ministerio, pasaba tiempo con sus amigos. Nosotras seremos no solo sabias si seguimos su ejemplo: ¡esa parece ser la forma en que fuimos creadas!

¿TIENES EL AMIGO QUE TU CORAZÓN ANHELABA? DISFRÚTALO Y CONSERVA SU AMISTAD. SI QUIERES UN AMIGO, ¿SABES CUÁL ES EL MEJOR? DIOS, TENLO COMO TU AMIGO, ÉL SUPERA A TODOS LOS DEMÁS

THOMAS TUSSER

¡TIEMPO DE JUEGOS!

¿Recuerdas cómo te sentías cuando eras una niña y sonaba el último timbre que anunciaba el final del día de clases? ¡Libertad! ¡Tiempo de juegos!

Para la mayoría de los niños, el tiempo que sigue inmediatamente a la clase se aparta para las siguientes cosas:

JEHOVÁ TU DIOS SEA BENDITO, QUE SE AGRADÓ DE TI.

1 REYES 10:9

- Diversión sin estructura: no más tareas para completar en un período específico de clase.
- Ruido y actividad: no más restricciones para estar sentados y callados.
- Amistades: no más trabajo por uno mismo para leer un libro o completar una tarea.
- Juegos: los cuadernos se dejan a un lado, y las tareas en casa todavía no han llegado.

¿Y qué ha pasado con aquellos maravillosos años?, puede que te preguntes. Quizá sea tiempo de recobrarlos.

Inserta y estructura un breve período de tiempo para juegos al final de tu día de trabajo. Permítete hacer un poco de ruido, muévete y flexiona esos cansados músculos. Pasa un poco de tiempo con tus amigas. Practica algún juego, quizá balonmano con una colega, un juego de tenis con una amiga, o el juego de la pata coja con tu hijo.

Todas conocemos el dicho: «Mucho trabajo y poco juego, en un día muy gris resultarán». ¡Créelo! No solo será gris el día, sino que es probable que tú también te sientas torpe.

El Señor te creó con la capacidad de divertirte, la habilidad de reír y sonreír, el deseo de armar un poco de retozo y juguetear y la necesidad de libertad de movimiento. Él creó el mundo para que lo disfrutes, ¡y para que lo disfrutes con Él!

Las Escrituras dicen que el Señor «se deleita» en nosotras. ¿Podría ser que Él se deleite en aquello que nos deleita a nosotras? ¿Podría ser que desee a alguien con quien tener una comunión plena, incluyendo con quien reír, jugar y relajarse?

¿Podría ser? ¡Por qué no descubrirlo hoy!

LA COMUNIÓN HUMANA PUEDE LLEGAR HASTA MUCHOS EXTREMOS, PERO NO A TODO EL CAMINO. LA COMUNIÓN CON DIOS PUEDE LLEGAR A TODOS LOS EXTREMOS.

OSWALD CHAMBERS

El carrito del té

Sed benignos unos con otros,
misericordiosos.

Efesios 4:32

Hace unos años, una empresa puso en práctica el consejo de uno de sus vicepresidentes. Todas las tardes a las tres en punto durante un mes, aparecía misteriosamente en la planta de los ejecutivos un carrito de té empujado por una camarera uniformada llevando un carrito cargado con fina porcelana, servilletas de lino, teteras de plata y bandejas con dulces sencillos y elegantes. Los ejecutivos, sus secretarias y personal administrativo eran invitados a salir de sus oficinas y de detrás de sus escritorios para escoger del carrito un té del sabor que quisieran y un dulce.

De manera natural, surgían momentos de chistes, bromas y conversación. En muchos casos, personas que por muchos años habían estado trabajando en la planta de los ejecutivos, por primera vez conocieron a sus colegas o se familiarizaron mejor con ellos.

Después de un mes, el presidente de la compañía realizó una encuesta informal entre aquellos que habían disfrutado de un «mes de té», y descubrió que, sin excepción, cada uno habló de un nuevo aire de civismo en aquella planta. Muchos empleados comentaron lo mucho que habían disfrutado del descanso para el té, y que sentían que ese servicio había subido la moral.

Animado por los resultados tan positivos, el presidente ordenó un servicio de «carrito de té» para cada una de las plantas del edificio de la compañía. Todos los empleados notaron los mismos beneficios. Poco tiempo después, la empresa que proporcionaba el servicio notó un incremento de la satisfacción del cliente y, como consecuencia, un aumento significativo en el beneficio. Aunque nadie tuvo el valor suficiente para decir que el carrito del té causó beneficio... ¿pudiera ser ese el caso?

Una palabra amable, una buena obra, una buena actitud, todo ello es muy significativo porque causa un impacto en la manera en que pensamos de nosotras mismas y de los demás, a la vez que afecta nuestra manera de trabajar. Seguro que el apóstol Pablo conocía esta verdad cuando dijo: «Consolaos, sed de un mismo sentir, y vivid en paz; y el Dios de paz y de amor estará con vosotros» (2 Corintios 13:11).

> **ESTABLECE UNA NORMA, Y ORA A DIOS PARA QUE TE AYUDE A CUMPLIRLA. DE SER POSIBLE, NUNCA TE VAYAS A LA CAMA ANTES DE PODER DECIR: «EN ESTE DÍA HICE QUE UN SER HUMANO FUERA AL MENOS UN POCO MÁS SABIO, O UN POCO MÁS FELIZ, O AL MENOS UN POCO MEJOR.**
>
> CHARLES KINGSLEY

EL EQUILIBRIO DE LO OPUESTO

Gran parte de nuestra vida parece estar suspendida entre extremos opuestos. Crecemos aprendiendo a etiquetar las cosas como buenas o malas, dañinas o útiles, feas o bonitas. La gente es amable o mezquina. El termostato puede ajustarse para evitar el frío o el calor extremos. Esperamos el cambio de estaciones de verano a invierno. El tiempo se divide en día y noche.

Estos opuestos no solo nos son útiles para definir o «delimitar» nuestras vidas, sino que también pueden ayudarnos a liberar estrés.

TUYO ES EL DÍA, TUYA TAMBIÉN ES LA NOCHE; TÚ ESTABLECISTE LA LUNA Y EL SOL. TÚ FIJASTE TODOS LOS TÉRMINOS DE LA TIERRA; EL VERANO Y EL INVIERNO TÚ LOS FORMASTE.

SALMO 74:16-17

Muy a menudo, las personas que están involucradas en un trabajo físico intenso durante todo el día escogen una actividad mental para relajarse y esparcirse. Aquellos que tienen trabajos muy intensos en cuanto a ideas, a menudo disfrutan relajándose con aficiones en las que puedan hacer uso de sus manos, como tallar madera o el bordado. Aquellos que están en ambientes estériles y bien ordenados desean llegar a sus casas a desherbar sus jardines.

Las tareas y rutinas estructuradas relajan a los que están involucrados en las artes creativas. El músico corre a su casa para trabajar en la computadora. El cirujano se deleita cultivando orquídeas en un invernadero. El obrero de una fábrica disfruta armando rompecabezas. El ejecutivo se relaja en la cocina preparando comidas especiales.

El Señor nos creó para este ritmo de extremos opuestos. Dios le dijo a Noé, cuando él y su familia salieron del arca: «Mientras la tierra permanezca, no cesarán la sementera y la siega, el frío y el calor, el verano y el invierno, y el día y la noche» (Génesis 8:22). Los seres humanos fueron puestos en un mundo de opuestos.

Cuando al fin del día te sientas estresada, intenta realizar una actividad opuesta al trabajo que hayas estado realizando. Si has estado trabajando con tu mente, escoge una actividad física. Si has estado realizando un trabajo físico, escoge una actividad mental.

¡Que el péndulo oscile hasta llegar al punto de reposo en una posición central!

AL FIN Y AL CABO NADA ES SAGRADO,
EXCEPTO LA INTEGRIDAD DE TU PROPIA MENTE.

RALPH WALDO EMERSON

Un poco de ceremonia, por favor

El té de la tarde en el hotel Ritz de Londres se describe como el último y delicioso bocado del Londres eduardiano. En su libro, *The London Ritz Book of Afternoon Tea,* Helen Simpson lo describe de la siguiente manera:

> En la sala Palm Court, elegantemente adornada con columnas, la luz es agradable, los pasteles frívolos y el ritmo calmado, seguro y pausado. Quienes toman el té se sientan en sillas rosadas estilo Luis XVI y mesas de mármol, a beber y saborear sus humeantes tazas de té... No hay relojes, y aunque es posible ver la estela de los taxis y autobuses de Picadilly si uno mira con atención en dirección a las puertas, un extraño sentimiento de haberse tomado unas vacaciones del tiempo realza el placer de tomar el té allí. Debido a la oscilante luz, las personas se ven más bellas de lo que son en la vida real. Este es uno de los pocos lugares aparte de la iglesia... donde una mujer puede llevar puesto un sombrero y sentirse plenamente cómoda... Quienes se presenten en Palm Court vestidos con pantalones vaqueros, pantalones cortos o zapatos deportivos, son rechazados a regañadientes, y nadie entra sin reserva previa. Las hojas del oscuro té se llevan a la mesa empapadas en agua

«ENCONTRARÁN DESCANSO PARA SU ALMA»

Mateo 11:29, NVI

hirviendo junto con una selección de pequeños sándwiches, panecillos y pasteles[36].

¿Por qué toda esa ceremonia por una taza de té y un bocadillo? Porque la «ceremonia» de beber el té de la tarde proporciona más refrigerio del que pueden dar la comida y la bebida por sí mismas. Requiere que los participantes cesen todas las demás actividades por un corto período de tiempo, tomen un pequeño alimento, y presten atención a otras personas que comparten la misma comida. Es una oportunidad para dejar a un lado cualquier problema espinoso que haya estado ocupando el día hasta entonces, y se ocupe de asuntos más ligeros durante unos minutos. El cuerpo obtiene refrigerio y descanso, y la mente unas cortas vacaciones.

La hora del té también proporciona una oportunidad natural para que el espíritu sea refrescado. Tomar el té a solas da a la persona la oportunidad de pensar en los altibajos del día en silenciosa oración recibiendo combustible para moverse con confianza a lo largo del resto del día.

Si estás «tomando el té» con una amiga o amigas, ¿por qué no hablar de algo que Dios haya hecho por cada una de ustedes? La alabanza a la hora del té da un nuevo significado a la expresión: ¡«merienda—cena»!

LA ALABANZA MÁS QUE CANTAR,
ES EL SANTO QUE REFLEJA LA VIDA DE CRISTO.

ANÓNIMO

En un día claro

Porque con alegría saldréis, y con paz seréis vueltos; los montes y los collados levantarán canción delante de vosotros, y todos los árboles del campo darán palmadas de aplauso.

Isaías 55:12

Pregúntale a cualquier persona que haga ejercicio de forma regular, y te dirá que los beneficios de un buen entrenamiento van más allá de lo físico. Muchas personas terminan su día de trabajo con un viaje al gimnasio. Hacerlo, les ayuda a limpiar sus cabezas de las frustraciones del día, les da más energía para enfrentarse a la noche que tienen por delante, los tranquiliza y mejora su estado de ánimo. También es una salida plena después de haber estado sentados todo el día ante un escritorio.

Aunque cualquier tipo de ejercicio puede ser beneficioso, las investigaciones demuestran que *el lugar* donde se practique puede hacer una gran diferencia en los beneficios derivados de una sesión de entrenamiento. Un psicólogo en una universidad de la costa este comprobó los cambios hormonales y de ánimo en un grupo de atletas que participaron en tres entrenamientos diferentes:

- En el exterior.
- En el interior, sobre una bicicleta estática mientras escuchaban cintas con música con «sonidos de la naturaleza».
- En el interior, sobre una bicicleta estática mientras escuchaban cintas con el sonido de los latidos de su corazón.

¿Puedes adivinar cuál fue el entrenamiento que resultó ser más beneficioso? El que se realizó en el exterior. Los niveles de hormonas del ánimo positivo, adrenalina y noradrenalina, ascendieron, mientras que los niveles de la hormona del estrés, cortisona descendieron en quienes se habían ejercitado en el exterior.

Parece que el ambiente realmente influye. Ya sea que te estés ejercitando o simplemente tomando unos momentos para relajarte con una taza de té, el lugar donde lo hagas puede ser casi tan importante como el porqué y el cómo lo hagas. Busca un lugar agradable y estimulante para tu escapada, y aprovecha al máximo tu descanso.

Cuando somos niños, a menudo preguntamos a nuestros amigos del barrio: «¿Puedes salir a jugar?». ¡Esa aún sigue siendo una buena pregunta!

> AQUELLOS QUE NO ENCUENTRAN TIEMPO PARA EL EJERCICIO TENDRÁN QUE ENCONTRARLO PARA LA ENFERMEDAD.
>
> ANÓNIMO

Placeres sencillos

Hay muchas maneras de disfrutar de la hora del té: formal, informal, de negocios, té con leche, té de Navidad, té servido en taza grande, en taza de fina porcelana china, té de paseo al campo, un acogedor té para dos acurrucados al lado de una chimenea, un elegante té sobre el césped, o una hora de delicia culinaria en un elegante salón de té.

GOZARÁ ÉL DE BIENESTAR.

SALMO 25:13

Briton Aubrey Franklin fue nombrado por el Consejo del Té de los Estados Unidos «Embajador del té» para Norteamérica para instruir a los estadounidenses en el uso apropiado del té. Él recoge las memorias de su niñez de las horas del té en Inglaterra:

> Cuando yo era un joven, la hora del té era ese tiempo especial de contar historias y reírme un poco con mi familia. Esas reuniones diarias, intensificadas por el ritual del té, nos ayudaban a sentirnos unidos. Poder charlar acerca de los humorísticos y a veces trémulos sucesos del día no era algo solamente purificante, sino que también nos capacitaba para conocernos y disfrutar los unos de los otros. Eso es lo que se necesita hoy, un tiempo apartado para el propósito específico de compartir no solo el té y sus deliciosos acompañamientos,

sino el amor... En lugar de que los amigos y los familiares se desconecten encendiendo de inmediato el televisor, comiencen a volver a conectarse los unos con los otros. La hora del té es el momento perfecto, y es uno de los hábitos más deliciosos y estimulantes[37].

Los placeres más sencillos de la vida son aquellos que pasamos por alto con más frecuencia, por lo general en nuestra búsqueda de mayores y más grandiosos planes para la felicidad.

Cualquiera que sea la forma en que escojas para hacerlo, intenta apartar un poco de tiempo para pasarlo con una amiga o con un ser querido sin ninguna otra razón que la de relajarte, disfrutar de la risa, reavivar la intimidad, ayudar a suavizar mutuamente los discordantes nervios, o solo para dejar que las mentes vaguen juntas entre sueños inexplorados.

LAS AMISTADES MULTIPLICAN LAS ALEGRÍAS Y DIVIDEN LAS TRISTEZAS.

ANÓNIMO

ACCESIBILIDAD

El final de un día de trabajo puede ser un tiempo en el que puedes hallar muy beneficioso y agradable hacerte un poco más accesible a otras personas. Si has tenido una actitud de «puertas cerradas y batiendo el yunque» durante todo el día, puede que ahora sea el momento de abrir la puerta. Si has estado al teléfono por lo que parecen haber sido horas, puede que ahora sea el momento de recorrer los pasillos y entablar una breve conversación cara a cara con un colega o un subalterno. Si te has sentido hundida en el papeleo o pegada a la pantalla de la computadora, puede que este sea el momento de caminar a la cafetería y comerte una energizante golosina. Invita a alguien a reunirse contigo allí para sostener una conversación informal. Si has estado en casa con los niños o realizando los quehaceres, podría ser el momento de llamar a una vecina y salir a dar un paseo.

EL HOMBRE QUE TIENE AMIGOS HA DE MOSTRARSE AMIGO.

PROVERBIOS 18:24

Robert Fulghum ha escrito: «La hierba no es siempre más verde al otro lado de la valla. Las vallas no tienen nada que ver con eso. La hierba es más verde donde se riega».

Cada día, a pesar de nuestro ambiente o nuestra situación, necesitamos tener contacto humano y comunicación. Dios puso esta necesidad en nosotras, y por la historia de la relación de Dios con Adán y Eva en el huerto del Edén, podemos suponer que Él disfrutaba de un paseo en la tarde con su creación, un tiempo de compartir vidas y no simplemente de trabajar juntos realizando tareas.

Comunícate con los demás de corazón. Escucha con oídos abiertos los sentimientos que una persona exprese, con más atención aun de la que pones para escuchar los detalles de su historia. Permanece dispuesta para ayudar a llevar las cargas y a alegrarte por las victorias. Permítete a ti misma ser vulnerable a los demás a cambio: revelando tus propias heridas, preocupaciones, frustraciones, esperanzas, sueños y deseos. La accesibilidad es fundamental para una relación auténtica.

DE TODOS LOS DONES CELESTIALES QUE LOS HOMBRES MORTALES ELOGIAN, ¿QUÉ TESORO CONFIABLE EN EL MUNDO PUEDE COMPENSARSE AL DE TENER UN AMIGO?

NICHOLAS GRIMALD

Formar buenas relaciones

**Manzana de oro con figuras de plata
es la palabra dicha como conviene.**

Proverbios 25:11

La mayoría de los bebedores de té nunca considerarían que echar una bolsita en la taza de agua caliente que tengan más a mano sea la mejor manera de prepararlo. Existen varias reglas a la hora de prepararlo cuando se quiere obtener la mejor mezcla, que asegurarán que el té sea algo realmente especial para el paladar.

Escoge siempre infusiones cuyos sabores básicos sean agradables para ti o para tus invitados. Si son poco consistentes, no tengas miedo de mezclarlos un poco, midiendo una cucharadita por taza, más una cucharadita por tetera. Pon el té en remojo durante varios minutos, pero no hiervas las hojas pues, si lo haces, surgirán sabores amargos.

Al igual que preparar un té, formar buenas relaciones toma tiempo y atención. Las siguientes son diez maneras de demostrar el amor de Jesús a los demás, que garantizan sacar el mejor «sabor» de cada persona:

1. Háblales a las personas. Nada es más agradable que unas alegres palabras de saludo.
2. Sonríeles. Se necesitan setenta y dos músculos para fruncir el ceño, y catorce para sonreír.
3. Llama a las personas por su nombre. La música más dulce es el sonido del nombre propio de la persona.
4. Sé amigable y presta ayuda.
5. Sé cordial. Habla y actúa como si todo lo que hicieras fuera un placer.
6. Interésate de forma sincera por las personas. Si lo intentas, es posible que todas las personas te caigan bien.
7. Elogia con generosidad y critica con precaución.
8. Muestra consideración con los sentimientos de los demás. Ellos te lo agradecerán.
9. Ten en cuenta las opiniones de los demás.
10. Mantente alerta para servir. Lo que más cuenta en la vida es lo que hacemos por los demás[38].

Estas cosas toman su tiempo, pero al igual que el tiempo empleado en perfeccionar esa taza de té, bien vale la pena el esfuerzo extra realizado.

> **LO MÁXIMO QUE UN HOMBRE PUEDE HACER POR SU PADRE CELESTIAL ES SER AMABLE CON ALGUNO DE SUS OTROS HIJOS.**
>
> HENRY DRUMMOND

LEE EL LIBRO

Dos mujeres que estaban comiendo en un buen restaurante decidieron finalizar su comida con una taza de té. Se lo sirvieron en tazas de exquisita porcelana china, pero después de beber el primer sorbo, una de ellas se quejó al camarero.

ESCUCHA EL CONSEJO, Y RECIBE LA CORRECCIÓN.

Proverbios 19:20

—Señor, esto sabe a benceno. ¿Está seguro de que es té?

—Oh, sí, tiene que ser —respondió—. El café sabe a trementina.

Si vas a servir té tendrás buenos resultados con esta receta:

1. Para lavar la tetera comienza con agua fría embotellada. Jamás hiervas ninguna otra cosa en tu tetera excepto el agua.
2. Retira el agua cuando llegue a su primer hervor. ¡Nunca la hiervas demasiado, porque pierde el oxígeno dando como resultado una bebida insípida!
3. Enjuaga la tetera de servir con agua de la misma tetera donde hayas hervido el agua. Nunca eches el agua hervida en la tetera ya que esta pierde un grado de calor por segundo. El agua para el té tiene que hervir a cien grados centígrados.
4. Utiliza una bolsita o una cucharita de té por taza. Al sumergir las hojas en la tetera las hojas se abren y comienza la infusión.

5. Vierte suavemente el agua caliente sobre las hojas. Ten cuidado de no dañar las hojas.
6. Deja hacer el té entre tres y cinco minutos, de acuerdo a la mezcla de té y lo fuerte que te guste[39].

Seguir las instrucciones de los entendidos puede ayudar a preparar una buena taza de té. ¡Lo mismo sucede cuando se vive una buena vida!

La Biblia es el libro de instrucciones de Dios: «Toda la Escritura *es* inspirada por Dios, y *útil* para enseñar, para redargüir, para corregir, para instruir en justicia» (2 Timoteo 3:16). ¡Seremos sabias si seguimos sus instrucciones!

UN POCO DEL LIBRO EN LA MAÑANA
PARA ORDENAR MI CAMINO HACIA ADELANTE.
UN POCO DEL LIBRO EN LA NOCHE
PARA SANTIFICAR EL FINAL DEL DÍA.

MARGARET SANGSTER

TEMPESTAD EN UN VASO DE AGUA

¿Has tenido un día parecido a una tempestad en una vaso de agua? Quizá estés desorientada por haber pasado una noche sin dormir bien, preocupada por la llamada telefónica del maestro de tu hijo, o presionada por la inminente evaluación de tu jefe. En días como esos, es fácil estallar en una tormenta por la menor insignificancia. Momentos como esos se convierten en oportunidades para decirle sí a Dios.

En su libro, *Diamonds in the Dust*, Joni Eareckson Tada pregunta: «¿Recuerdas cuando le dijiste "sí" a Jesús? ¿Cuánto hace que eso sucedió? ¿Meses, o quizá años? Yo le dije "sí" al Señor en noviembre de 1964 cuando era adolescente. Pero también le dije "sí" el otro día».

Cuenta Joni de un día en que se peleó con su esposo Ken, y para escapar de la situación se fue con una amiga a un centro comercial, donde estalló en sollozos de autocompasión. Ella dice: «No podía ocultar mi rostro en un pañuelo, y mi silla de ruedas era demasiado grande para poderme esconder detrás de algunos percheros llenos de ropa. Lo único que pude hacer fue quedarme sentada llorando allí mirando a los maniquíes con sus sonrisas plásticas».

PORQUE TODAS LAS PROMESAS DE DIOS SON EN ÉL SÍ, Y EN ÉL AMÉN, POR MEDIO DE NOSOTROS.

2 CORINTIOS 1:20

Tratando de recuperarse de las oleadas de sollozos expresó en voz alta lo mismo que había dicho muchas veces antes: «Sí, Jesús, te escojo a ti. No escojo la autocompasión ni el resentimiento. ¡Te digo "sí" a ti!»

Con su rostro aún mojado por las lágrimas, sintió que su corazón se llenaba de paz, y cuenta: «Nada había cambiado respecto a mi esposo. Los compradores que estaban al otro lado de la tienda seguían mirando entre los percheros... los jóvenes seguían paseándose, riéndose y comiendo palomitas de maíz... pero *todo* era diferente debido a que mi corazón estaba lleno de paz. Porque le dije "sí" a Jesús»[40].

Quizá nosotras ni siquiera conozcamos todo el alcance de aquello que nos turba, pero podemos entregar a Dios nuestras frustraciones y nuestras agitadas emociones. Podemos orar a Él: «Señor, no comprendo esta situación, pero sé que quiero que tu paz y tu gracia me cambien en medio de esta tormenta de mi vida. Gracias porque te preocupaste por mí tanto como para darme el deseo de decirte sí, amén».

QUÉ LÁSTIMA QUE NUESTRAS LÁGRIMAS A CUENTA DE NUESTROS PROBLEMAS LLEGUEN A CEGAR NUESTROS OJOS DE TAL MANERA QUE NO VEAMOS NUESTRAS MISERICORDIAS.

JOHN FLAVEL

NO TEMAS

Tú guardarás en completa paz a aquel cuyo pensamiento en ti persevera; porque en ti ha confiado.

Isaías 26:3

Conduciendo sola por el país en auto, una joven vivió esta experiencia:

Emprendí un viaje de tres escalas. Ya iba en la segunda y lo único que deseaba era encontrar un hotel, aparcar mi auto, quitarme del cuerpo el polvo acumulado después de todo un día de viaje, y meterme en la cama para dormir ocho horas. Pero no podía detenerme porque no había llegado a la meta establecida de kilómetros diarios establecida. Aún me quedaban más de dos horas para llegar a Tucumcari, Nuevo México, y a pesar de lo cansada que me sentía, también estaba decidida a acercarme a la frontera de Texas tanto como fuera posible.

Con lo que no contaba era con el mal tiempo. En California y Arizona había hecho sol y calor, y yo supuse, erróneamente, que a finales de marzo Nuevo México no me daría ninguna sorpresa desagradable.

El sol se ocultaba rápidamente detrás de mí, y pronto desapareció por completo. En los viajes de costa a costa, prefiero no conducir en la noche, especialmente si voy por carreteras que no conozco, pero como tenía una meta que cumplir aquel día seguí adelante.

Alrededor de un cuarto de hora después de la puesta de sol, vi que las precipitaciones atravesaban las luces de los faros de mi auto. Pensé que era lluvia, pero era nieve que comenzó a descender rápida y frenéticamente de forma oblicua, directo al parabrisas de mi auto, realizando un efecto calidoscópico.

El pánico se apoderó de mí. Había pocos vehículos en la carretera, ninguna luz a lo largo de la ruta, y ningún aparcamiento para desviarme y esperar.

Lo que tenía que atravesar no era un horno de fuego, sino un apuro. Como no podía ver a dónde me dirigía tan bien como deseaba, tuve que poner toda mi fe y confianza en Alguien que pudiera hacerlo. De alguna manera, tuve que relajarme en medio de ese oscuro valle lleno de viento, y confiar en la luz que provenía de otra Fuente.

Aquella noche llegué sana y salva a mi destino, no por mis capacidades de conducción superiores, o por pura suerte, sino porque hace mucho tiempo que aprendí quién es la Persona que en realidad mantiene mi auto en la carretera.

EL TEMOR LLAMÓ A LA PUERTA.
LA FE CONTESTÓ. NO HABÍA NADIE ALLÍ.

INSCRIPCIÓN SOBRE LA CHIMENEA
DEL HOTEL HINDS´ HEAD, INGLATERRA

LAS MEJORES AMIGAS

Una estudiante que trabajaba en su tesis doctoral pasó un año en una reserva del sudoeste viviendo con un grupo de indios navajos. A medida que la estudiante hacía su investigación, se convirtió en parte de una familia de nativos americanos. Dormía en su casa, comía de su comida, trabajaba con ellos y en general seguía su mismo estilo de vida.

FUISTEIS LLAMADOS A LA COMUNIÓN CON SU HIJO JESUCRISTO.

1 CORINTIOS 1:9

A pesar de que la abuela de la familia no hablaba inglés, ella y la estudiante lograron formar un estrecho vínculo de amistad. Pasaban mucho tiempo juntas forjando una relación que tenía mucho significado para las dos aunque era difícil explicarlo a los demás. Las dos compartían experiencias a pesar de que no podían hablar la una con la otra. A pesar de la diferencia de idioma, desarrollaron una cercanía de entendimiento y afecto mutuos.

Con el paso de los meses, cada una se esforzó por aprender frases en el idioma de la otra. La estudiante aprendió algunas frases en idioma navajo, y la anciana aprendió algunas palabras en inglés.

Al finalizar el año, llegó el momento de la estudiante regresar a la universidad para escribir su tesis. La tribu realizó una ceremonia de despedida en honor a la estancia y la amistad que habían mantenido con ella. La celebración fue motivo de tristeza, porque la joven estaba muy encariñada con toda la aldea, y los iba a extrañar a todos, lo mismo que ellos a ella.

Cuando la joven se subió a su camioneta para irse, su querida amiga, la anciana, llegó para decirle adiós. Con lágrimas rodando por las mejillas, cubrió con sus manos la cara de la estudiante, y mirándola directamente a sus juveniles ojos, le dijo con palabras recién aprendidas: «Me gusto más a mí misma cuando estoy contigo».

Las buenas amigas son aquellas que están a nuestro alrededor y por quienes «nos gustamos más a nosotras mismas» debido a que ellas tienen la forma de sacar lo mejor de nosotras. Jesús es esa clase de Amigo para nosotras. Podemos hablar de *toda* nuestra vida con Él, y Él sigue aceptándonos con su gran amor. Él sacará lo mejor de nosotras de manera que podemos decirle: «Me gusto más a mí misma cuando estoy contigo».

¿QUÉ ES UN AMIGO?
UNA SOLA ALMA QUE MORA EN DOS CUERPOS.

ARISTÓTELES

Un corazón para el arte

Ya sea que prefieras el café o el té, hay algo especial en ir a una cafetería o a un salón de té, lugares hechos específicamente para sentarse con una taza caliente y disfrutar de un ambiente cálido relajante, reconfortante y tranquilizador. Y si una tarde llegas a encontrarte en el Café Lam en Hanoi, también puedes disfrutar contemplando una pequeña parte de la inestimable colección de arte del propietario.

HAZ BIEN, SEÑOR, A LOS QUE SON BUENOS, A LOS DE RECTO CORAZÓN.

SALMO 125:4, NVI

Nguyen Van Lam comenzó vendiendo café en un carrito en el año 1950. Varios años después compró un edificio cerca de una escuela de arte donde muchos de sus clientes eran estudiantes de arte que luchaban por abrirse camino y si podían llevar algo de comida a sus estómagos no podían comprar los elementos necesarios para su carrera. Lam, un apasionado amante del arte, les prestaba dinero para que pudieran practicar su destreza.

Varios de los artistas que más tarde se hicieron famosos, correspondieron a la generosidad de Lam con cuadros, grabados y dibujos. Con el paso de los años llegó a tener una colección con más de mil obras de arte de las cuales solo se exhibe una pequeña parte en el café, pero que cubre casi cada centímetro de las paredes.

La gran colección de Lam es un tesoro precioso. Para proteger el arte durante la guerra, él llegó hasta el extremo de almacenar las obras en un refugio antiaéreo. En estos días espera poder convertir su edificio en un museo para exhibir permanentemente su colección para disfrute de las futuras generaciones.

Lam ama a los artistas tanto como al arte. Admira sus espíritus generosos, su capacidad para encontrar belleza en todas las cosas, y la forma en que se plasman a sí mismos en su obra sin pedir nada a cambio.

Para un transeúnte casual, el edificio que alberga el Café Lam está desvencijado y no tiene nada digno de apreciar, pero para aquellos que deciden entrar, hay una taza de buen café, y de belleza hasta donde el ojo puede alcanzar[41].

El tiempo con Jesús puede ser empleado en una atractiva galería de arte, donde Él te muestra todos los colores y patrones de tu vida. Al igual que Lam cuidó de los artistas que pasaban apuros, Jesús cuida de ti. Él es tu Consolador, tu Amigo, tu Protector y la Fuente de toda creatividad y belleza. Dale gracias hoy por su amor por ti.

EL AMOR DE DIOS POR NOSOTROS
SE PROCLAMA CON CADA AMANECER.

ANÓNIMO

Enojo reconducido

La blanda respuesta quita la ira;
mas la palabra áspera hace subir el furor.

Proverbios 15:1

Un oficial del Ejército de Salvación que está en Nueva Zelanda nos cuenta de una anciana maorí que se ganó el nombre de Guerrera Brown por su capacidad de lucha cuando estaba ebria o airada. Después de su conversión al cristianismo, se le pidió que diera su testimonio en una reunión al aire libre. Uno de sus antiguos enemigos aprovechó la oportunidad para burlarse de ella en voz alta, y terminó su arenga lanzándole una patata grande, que le dio un desagradable golpe.

La multitud se quedó en completo silencio. Una semana antes ese cobarde habría tenido que salir corriendo para ocultarse y salvar sus dientes, ¡pero de qué respuesta tan diferente fue testigo aquella noche!

Guerrera agarró la patata sin pronunciar palabra y la metió en su bolsillo. No se volvió a oír nada más sobre el incidente hasta que llegó el festival de la cosecha, cuando ella apareció con un pequeño saco de patatas para compartirlas. Explicó que había cortado y plantado la patata, y que ahora la estaba presentando al Señor como parte de su beneficio.

Guerrera había aprendido a vivir en paz con sus vecinos, y a ser una fuerte «guerrera» espiritual por la causa del Señor. ¡Qué ejemplo tan hermoso de tomar el mal que la gente hace y convertirlo en alabanza para el Padre celestial!

Una vez reprendieron al presidente Lincoln por ser amigable con sus enemigos.

—¿Por qué trata de hacerlos sus amigos? —le preguntó uno de sus asociados—. Siendo usted un hombre poderoso debería intentar destruirlos.

—¿Acaso no los estoy destruyendo —respondió Lincoln con amabilidad— cuando los hago mis amigos?

¿Qué podrías hacer hoy para mostrar bondad hacia un enemigo? Cuando tratas como amigo a tu enemigo, y él te responde con amistad, ¡lo has convertido en amigo!

EL CORAZÓN BENEVOLENTE Y AMABLE ES EL QUE MÁS REFLEJA A DIOS.

ROBERT BURNS

ABRE LA PUERTA

Una enfermera que trabajaba en una sala de pediatría, a menudo les daba a los niños la oportunidad de escuchar sus propios corazones con el estetoscopio. Un día, se lo puso en las orejitas a un niño, y le preguntó: «¿Oyes eso? ¿Qué crees que es?».

El pequeñito frunció el ceño por un momento, cautivado por la maravilla de aquellos extraños golpecitos dentro de su pecho, y sonriendo preguntó: «¿Es Jesús que está llamando?».

Se cuenta otra historia de un grupo de estudiantes que fueron a visitar a un gran maestro religioso. El sabio maestro les hizo a los jóvenes alumnos una pregunta aparentemente obvia: «¿Dónde está la morada de Dios?».

Entre risas los alumnos respondieron: «¡Vaya pregunta! ¿Acaso no está todo el mundo lleno de su gloria?».

El experimentado anciano contestó sonriendo: «Dios mora dondequiera que las personas se lo permitan».

El niñito que escuchó su corazón a través del estetoscopio pareció ser más sabio que el grupo de estudiantes. Con su inocencia, fe y confianza, no tuvo problema para creer que Jesús estaba llamando a la puerta de su corazón.

HE AQUÍ, YO ESTOY A LA PUERTA Y LLAMO; SI ALGUNO OYE MI VOZ Y ABRE LA PUERTA, ENTRARÉ A ÉL, Y CENARÉ CON ÉL, Y ÉL CONMIGO.

APOCALIPSIS 3:20

Imagina que tu vida es una casa que tiene muchos cuartos, y cada uno representa un aspecto diferente de tu vida. Algunos están desordenados, y otros limpios y ordenados. Las puertas que están cerradas representan las esferas donde tú no has invitado a entrar a Jesús.

Al igual que el pequeñito, cuando escuchamos a Jesús llamar a las puertas cerradas de nuestra vida nos corresponde decidir abrir la puerta y dejar que Él entre. Aun los cuartos que están oscuros y dan miedo son llenos de luz y de entendimiento cuando Jesús entra.

SEÑOR, HAZ DE MI VIDA UNA VENTANA PARA QUE TU LUZ BRILLE A TRAVÉS DE ELLA Y UN ESPEJO QUE REFLEJE TU AMOR PARA TODOS AQUELLOS CON QUIENES ME ENCUENTRE. AMÉN.

ROBERT HAROLD SCHULLER

PÉRDIDA DE ENERGÍA

Hace unos años, una fábrica de automóviles utilizaba el eslogan: «Estamos impulsados». ¡El fabricante bien podría haber estado hablando de la mayor parte del género humano! Somos personas con la misión de trabajar sin parar, dominar la curva del aprendizaje y lograr la máxima velocidad.

Dado a todo nuestro entusiasmo y energía comenzamos fuertes en la mañana. Sin embargo, cuando llega la hora del té caemos presas del tiempo sombrío, el ánimo triste o el agotamiento. Aunque nos sentimos impulsadas a finalizar lo que está delante de nosotras, no tenemos la resistencia para continuar. Es entonces cuando tenemos que recurrir al plan B.

EL QUE HABITA AL ABRIGO DEL ALTÍSIMO MORARÁ BAJO LA SOMBRA DEL OMNIPOTENTE.

SALMO 91:1

El plan B dice que si todavía no te quieres ir de la oficina, pero estás agotada con asuntos más pesados, tienes que hacer algo más liviano. Elige una tarea relacionada con el trabajo que no requiera mucho esfuerzo mental.

Escribe una carta, organiza un archivo, escribe algunas notas, recopila materiales de referencia, devuelve una llamada telefónica, o escribe notas en tu agenda para las próximas reuniones. Dales un descanso a tus ojos de estar mirando la pantalla de la computadora y ciérralos durante un par de minutos.

En *The Spirit of Discipline*, el obispo Francis Paget escribe:

> Cuando en nosotros el tiempo es gris, frío y pesado; cuando la luz está oculta y las nieblas espesas, y comienza a caer aguanieve, aún podemos continuar con el trabajo que puede hacerse igualmente tanto en los días oscuros como en los soleados, trabajo que de otra manera, tendríamos que apresurarnos a hacer cuando todavía está la luz del sol, ocupando sus horas más brillantes y productivas. Muy a menudo, creo yo, el trabajo menos atractivo es la mejor manera de regresar a la luz y a la calidez... Haciendo humilde y sencillamente lo que podemos, recuperamos la capacidad de hacer lo que debemos.

¡Cambia a piloto automático hasta que tu nivel de concentración vuelva a la normalidad y planea durante un rato!

HAY DENTRO DE MÍ UN LUGAR DONDE LO VIVO TODO A SOLAS, Y ES AHÍ DONDE RENUEVAS TUS ARROYOS QUE NUNCA SE SECAN.

PEARL S. BUCK

A SU MANERA

En quietud y en confianza
será vuestra fortaleza.

Isaías 30:15

Un escritor danés cuenta que cuando un viejo campesino estaba a punto de morir hizo una petición poco común a su hijo. Le pidió que entrara en la mejor habitación de la casa cada día y se sentara allí solo durante media hora. El hijo consintió con aquella extraña petición y prometió a su padre que haría lo que le había pedido.

Después de la muerte de su padre, el hijo cumplió fielmente su promesa. Hacía aquello poco común: pasar media hora a solas cada día. Al principio, el tiempo de quietud y de soledad era incómodo, y estaba inquieto y ansioso por que pasara ese tiempo. Pero con el paso de las semanas, aquella media hora de soledad se convirtió en un hábito apreciado e incluso transformador. El hijo esperaba aquel breve período de tiempo cada día, y llegó a crecer en él. Empezó a experimentar cambios profundos y calmados en su interior[42].

¿Estás dispuesta a estar a solas durante quince o treinta minutos cada día, preferiblemente cuando tu mente no esté sobrecargada?

¿Estás dispuesta a aceptar una expectante aventura de fe, sin esperar una experiencia predefinida, o sin buscar un gran empuje emocional, sino a pedirle a Jesús que llegue a ti a su manera?

Con tu cuerpo relajado y cómodo, y mirando solamente a Jesús, tu corazón se volverá hacia Él en adoración. Debido a esta experiencia, es probable que tengas un mayor deseo de obedecerle a Él. La gente que dedica tiempo para estar a solas con el Señor halla una renovada reserva de fuerza personal y tranquila confianza.

El mundo necesita desesperadamente personas que estén poniendo a prueba la forma de vida de Jesús y que tengan una experiencia cada vez más profunda con Él. El mundo está buscando paz y gozo que permanezcan, y esas cualidades solamente se ven en la vida de los creyentes que permiten que Jesús reine en sus corazones.

Pasa algunos momentos de paz a solas con el Señor hoy, y observa cómo la paz y el gozo crecen en tu corazón y se derraman en las vidas de los demás.

UNA VIDA FELIZ CONSISTE EN TENER TRANQUILIDAD DE MENTE.

MARCO TULIO CICERÓN

UNA PUERTA ABIERTA

En una calurosa tarde de verano, una mujer asistía al bautismo de su sobrina nieta en una grandiosa y antigua iglesia de piedra en el campo en Inglaterra. Sus inmensas puertas se abrieron de par en par para dejar que la cálida luz del sol entrara en la fría estructura de piedra.

POR EL CAMINO DE TUS MANDAMIENTOS CORRERÉ, CUANDO ENSANCHES MI CORAZÓN.

SALMO 119:32

Cuando estaba sentada disfrutando del ritual, un pajarito entró volando. Lleno de temor, volaba de un lado para otro cerca del techo, tratando en vano de salir a la luz del sol. Viendo que la luz entraba a través de las oscuras ventanas de vidrio, voló hasta una de ellas, luego hasta otra, volviendo finalmente al techo. Así continuó volando durante varios minutos, hasta que agotó sus fuerzas enloquecido por el pánico. La mujer observaba al pajarito con preocupación y frustración. ¡Era de tontos no salir volando por la misma puerta por donde había entrado!

Casi a punto de caer al suelo, el pajarito hizo una última arremetida hacia una de las largas vigas. Al ver que no había ningún peligro inmediato, dio unos saltitos sobre el travesaño, giró, y al ver de repente la puerta abierta, sin vacilar salió volando a la luz del sol gorjeando una canción de alegría mientras salía.

El pajarito había cautivado la imaginación de la mujer, que de repente, se vio como él. Había estado revoloteando, intentando vivir una «buena» vida de obras nobles sin reconocer que la puerta de la salvación había estado abierta para ella todo el tiempo. De repente comprendió que para evitar volar de manera errante hacia lugares que no ofrecían ninguna esperanza de vida eterna, lo único que tenía que hacer era dejar de batir las alas y quedarse quieta en la presencia del Señor. Desde ese punto de vista aventajado, podría ver mejor la puerta de la gracia que Él había preparado para ella.

Durante el descanso que tomes hoy para tomar el té, deja que tu espíritu vuele hacia un lugar en las alturas y que se siente con el Señor. Él te mostrará cómo salir volando de tus actuales problemas.

LOS DESEOS MÁS PROFUNDOS DEL CORAZÓN ENCUENTRAN EXPRESIÓN EN LA ORACIÓN SECRETA.

GEORGE E. REES

HERRAMIENTAS DE TRUEQUE

Lo vemos cuando caminamos a lo largo de la costa de un océano, donde los escarpados acantilados se encuentran con el ascenso y el descenso de las mareas. Los golpes de las olas cargadas de arena y de roca han ido cortando los elevados acantilados. Día tras día, noche tras noche, el continuo chapaleteo del agua del océano va cortando los muros de roca. Entonces, en un repentino golpe, toda la estructura puede cambiar y caer estruendosamente al mar. El desgaste natural que el agua produce día a día en los acantilados es imperceptible y, sin embargo, sabemos que cada ola que golpea la roca se está llevando con ella un poco de su dura superficie.

Esa misma moldeadora influencia la vemos en otro aspecto de la naturaleza. Los árboles que crecen en el límite forestal, un áspero y remoto escenario. Las resinas adicionales que fluyen en los árboles, como resultado de los severos vientos y las tormentas de nieve en el límite forestal producen una hebra en la madera que tiene una textura rara y deseable.

SOMOS HECHURA SUYA.

EFESIOS 2:10

Los constructores de violines buscan ese tipo de madera porque produce instrumentos de la mejor calidad y resonancia. Las feroces tormentas, la corta estación de crecimiento y los batientes vientos se combinan para producir una de las maderas más selectas en todo el mundo.[43]

Cuando estamos bajo el interminable desgaste natural de la vida, desarrollamos fallas y grietas en nuestras vidas. En las manos de Dios, sin embargo, esas tensiones y cambios se convierten en los medios que Él usa para moldear nuestras vidas para su propósito. A medida que sometemos nuestras vidas al Señor y Él las moldea, crea dentro de nosotras la capacidad de resonar con su presencia.

Las variadas y a menudo difíciles experiencias de la vida, entregadas a Dios, son la manera en que Él transforma a cada individuo convirtiéndolo en algo hermoso. El Espíritu Santo puede obrar maravillas en las ásperas aristas de nuestras obstinadas voluntades y endurecidos corazones, conformándolos a su voluntad.

Esta tarde vuelve a encomendar tu vida al Señor. Confía en Él para que tome todo lo que te ocurra, tanto lo bueno como lo malo, y te haga más fuerte y más sabia, utilizándote en su gran plan.

CUALQUIER COSA QUE DEJEMOS
EN MANOS DE DIOS, ÉL LO HACE Y NOS BENDICE.

HENRY DAVID THOREAU

«INTERRUMPIMOS SU VIDA...»

A Jehová cantaré en mi vida;
a mi Dios cantaré salmos mientras viva.

Salmo 104:33

Se supone que tener una larga vida es algo bueno, y ninguna de nosotras quiere morir «antes de tiempo». Queremos ver crecer a los hijos, a los nietos y a veces a los bisnietos. Queremos viajar, disfrutar de las casas por las que tanto hemos trabajado, y hacer todas esas cosas con las que soñamos tanto antes como después de la jubilación.

La vida no siempre resulta como la habíamos planeado. Sí, puede que vivamos más tiempo, pero lo mismo les ocurre a nuestros padres. Y con frecuencia puede que ellos tengan problemas de salud que requieran un cuidado constante.

Cuando éramos niñas cuidaban de nosotras, pero de alguna manera nos hemos convertido en cuidadoras. Teníamos nuestra vida dividida en compartimentos, pero hay que romper el modelo porque mamá o papá tienen citas con el doctor, sesiones de terapia, o actividades en el centro para mayores; y nosotras somos las conductoras.

Mamá necesita comprar provisiones y alguien que le cocine sus comidas. Hay que limpiar la casa de papá, y cortar el césped. Mamá está sola y necesita alguien que se siente a hablar con ella durante un par de horas. Papá necesita ayuda para comprar ropa. La vida de un hijo adulto puede desaparecer en el proceso de cuidar.

Si tienes que cuidar a unos padres ancianos da pasos positivos. Ayuda tener una amiga a quien poder visitar de vez en cuando, alguien que no esté demasiado cerca de la situación. Necesitas la perspectiva que ella te pueda dar. También ayuda encontrar un grupo de apoyo formado por personas que hayan aprendido a cuidar de sus padres con sabiduría y gozo.

Comienza cada día diciendo: «Hoy haré todo lo que pueda», y evita criticarte a ti misma por no hacerlo todo perfecto. ¡Cuida de ti misma! No podrás ayudar a nadie si te enfermas debido a la falta de descanso, a una deficiente alimentación o al estrés.

Sobre todo, que tu cuidado sea un acto de amor y no de obligación. Pídele al Señor que su gracia y su paz te rodeen, y susúrrale oraciones durante el día.

**LA ORACIÓN SIRVE
COMO LÍMITE Y FRONTERA
PARA EVITAR QUE LA RED
DE LA VIDA SE DESENREDE.**

ROBERT HALL

SIESTAS DE PODER

¿Has pensado alguna vez en cambiar tu descanso de la tarde por una breve siesta?

Los estudiantes de medicina en general son expertos en tomar siestas de poder. Se duermen tan pronto como se acuestan, duermen de quince a veinte minutos, y después se despiertan renovados. Los investigadores han descubierto que esas breves siestas son en realidad más beneficiosas que las siestas largas durante el día. El cuerpo se relaja, sin entrar en un «sueño profundo», que puede causar atontamiento y desorientación.

CON ÉL ESTÁ EL BRAZO DE CARNE, MAS CON NOSOTROS ESTÁ JEHOVÁ NUESTRO DIOS PARA AYUDARNOS Y PELEAR NUESTRAS BATALLAS. Y EL PUEBLO TUVO CONFIANZA EN LAS PALABRAS DE EZEQUÍAS REY DE JUDÁ.

2 CRÓNICAS 32:8

Para que las personas se duerman rápido y se beneficien completamente de una siesta de poder solo se necesita la capacidad para «desconectar la mente». Aquietamos nuestra mente cuando no estamos pensando en todas las cosas que nos quedan por hacer, preocupándonos por todo lo que podría ocurrir, o inquietándonos por acontecimientos del pasado.

Los que duermen siestas de poder son expertos en inducir una forma de paz interior que proviene de saber que todo irá bien en el mundo mientras ellos se apartan durante unos cuantos minutos. Lo que ellos creen con sus mentes en realidad ayuda a sus cuerpos a relajarse.

Cuando el rey Ezequías le dijo al pueblo que el Señor estaba con ellos y que lucharía sus batallas, ellos *descansaron* en sus palabras. Sus palabras les dieron paz interior, confianza y descanso para sus almas. Nosotras podemos tomar hoy de corazón esas mismas palabras.

El Señor también está con nosotras, para ayudarnos y luchar nuestras batallas. Esta sencilla letra de un canto de la escuela bíblica lo expresa muy bien:

> Te preocupas y te preguntas cómo lo vas a lograr,
> desde la salida de la luna hasta la puesta del sol.
> Muchas cosas por hacer cuando tu descanso se acaba,
> permite que Él tenga el mundo durante una vuelta o dos.

Toma tiempo para descansar hoy.

HABRÁ MUCHAS COSAS POR HACER CUANDO TE DESPIERTES... ASÍ QUE DUERME DURANTE UNOS CUANTOS MINUTOS. DESCANSA Y DA GRACIAS.

WILLIAM WORDSWORTH

PARA SACIAR LA SED

El agua es esencial para la supervivencia de la gente, las plantas y los animales. Los procesos vitales de un organismo dependen de que sus células tengan humedad. Un árbol, por ejemplo, puede llegar a tener ochenta por ciento de savia que consta principalmente de agua. La savia contiene minerales, carbohidratos, vitaminas y proteínas, que circulan a lo largo del sistema vascular del árbol para llevar alimento a todas sus partes.

La cantidad de reservas de agua en una zona determina si es un desierto o un bosque. Determina si un árbol está seco y mal desarrollado o es alto y majestuoso. El agua llega a los árboles mediante el rocío, las nubes, la niebla, la neblina, las lluvias estivales y las nieves invernales. Los árboles también toman agua a través de sus raíces, las cuales acceden a los manantiales, arroyos y ríos.

Un árbol no guarda la humedad para sí mismo, sino que después de que el agua haya viajado por toda su estructura es entregada al aire que lo rodea. La humedad, junto con el oxígeno expulsado al aire, da al bosque una fresca fragancia.

Y EL QUE QUIERA, TOME DEL AGUA DE LA VIDA GRATUITAMENTE.

APOCALIPSIS 22:17

La lección espiritual que aprendemos de la naturaleza es que prácticamente no podemos ser de bendición para los demás cuando nosotras mismas estamos secas. Al igual que el árbol debemos estar bien regadas con la Palabra de Dios y con su Espíritu para llevar una dulce fragancia a aquellos que nos rodean.

Si esta tarde te sientes vacía y seca, acude al grifo de la Palabra de Dios y toma un largo y refrescante trago. Siente cómo su verdad penetra en cada célula de tu ser y renueva el amor, la paz y el gozo en tu corazón. ¡No pasará mucho tiempo hasta que estés buscando maneras de ayudar a alguien!

LO QUE GUARDÉ, LO PERDÍ.
LO QUE GASTÉ, LO TUVE. LO QUE DI, LO TENGO.

PROVERBIO PERSA

Horas sin decisiones

Cantadle, cantadle salmos; hablad de todas sus maravillas. Gloriaos en su santo nombre.

Salmo 105:2-3

Kate declaró la hora entre las tres y las cuatro en punto de la tarde como una hora para no tomar decisiones en su oficina. Lo anunció a su personal de manera desenfadada, pero en el fondo estaba decidida a hacer de ello una realidad.

Como supervisora de casi treinta personas, las cuales tenían acceso a ella debido a su política de puertas abiertas y su estilo sencillo para dirigir, le pedían que tomase decisiones incesantemente. Eso le dejaba poco tiempo para la interacción creativa o la conversación fácil con su personal y sus colegas.

Al principio, el hábito era difícil de romper para el personal de Kate.

—¿Qué podemos decir si no te hacemos una pregunta? —dijo finalmente su secretaria con voz vacilante.

—¡Díganme algo! —sugirió Kate—. ¡Cualquier cosa! Díganme algo divertido que haya ocurrido en la oficina hoy, o algo que esté sucediendo en la vida de los demás o en sus familias. Denme nuevas ideas, o háganme una sugerencia creativa. Simplemente no me pidan que tome decisiones o que responda alguna cosa, excepto para hacer yo misma una pregunta o un comentario informal.

Con el tiempo, Kate vio que las personas que entre las tres y las cuatro en punto se detenían al pasar por su oficina simplemente para decirle hola, para contar alguna noticia, o para elogiar a un compañero de trabajo. Su hora de no tomar decisiones se convirtió en la hora más positiva de todo el día, y la información que ella recibía en realidad la ayudó a convertirse en una mejor directora, y a tomar decisiones más sabias.

¿Pudiera ser que el Señor también disfrutara con nosotras de algunas horas sin decisiones, sin problemas, sin peticiones de respuestas por nuestra parte, quienes somos sus hijas y colaboradoras en el mundo? ¿Pudiera ser que Él disfrutara de escuchar oraciones en las que simplemente le dijéramos lo que está ocurriendo, lo que nos parece divertido o interesante de nuestras vidas, y lo que nos causa deleite o alegría? ¿Pudiera ser que Él disfrutara de escuchar una buena broma salida de nuestros labios, en lugar de una larga cadena de peticiones?

Sí que pudiera ser.

> **BIEN ORA AQUEL QUE ESTÁ TAN ABSORBIDO EN DIOS QUE NO SABE QUE ESTÁ ORANDO.**
>
> SAN FRANCISCO DE SALES

TRABAJO INVISIBLE

Los árboles tienen estaciones específicas de reposo, que consisten en un tiempo en que parecen estar inactivos y sin crecimiento. Esa estación de descanso llega inmediatamente antes de una estación de crecimiento rápido y acelerado. Durante el reposo, las células y fibras que están dentro del árbol son reparadas y construidas. Esta actividad es invisible. El árbol se prepara en silencio para el vigor de la primavera.

El reposo es uno de los períodos más importantes en el círculo vital del árbol. Es la forma en que se prepara para las demandas posteriores de añadir nueva madera a su estructura y de dar fruto.

Los beneficios del reposo también se aplican a las personas. Existe la idea equivocada de que para ser eficaces tenemos que estar siempre activos. Pero las personas también tienen estaciones en las que Dios las prepara para lo que viene después.

Al no conocer nosotras el futuro, a menudo tenemos que llegar al punto de tener una profunda confianza en Dios durante los tiempos en que nada parece ocurrir en nuestras vidas. La inactividad no debe equipararse con la improductividad. ¡Dios está trabajando donde no se ve!

ES, PUES, LA FE LA CERTEZA DE LO QUE SE ESPERA, LA CONVICCIÓN DE LO QUE NO SE VE.

HEBREOS 11:1

Se necesita paciencia y humildad para atravesar un período de reposo. La mayoría de nosotras deseamos producir en todo momento para poder «avanzar» en nuestras vidas. Necesitamos reconocer que hay tiempos en los que, sin saberlo nosotras, Dios tiene que trabajar en nuestros corazones con el fin de prepararnos para nuestro destino.

Necesitamos humillarnos delante de Él y comprender que no nos hemos creado a nosotras mismas. No podemos saber plenamente lo que necesitaremos en el futuro. Los tiempos de reposo nos llaman a esperar en el Señor y confiar en Él para que haga su trabajo en nuestros corazones. Podemos descansar seguras de que Él está preparándonos para algo grande, en su tiempo y de acuerdo a su propósito.

**ES VANO REUNIR VIRTUDES SIN HUMILDAD;
PORQUE EL ESPÍRITU DE DIOS SE DELEITA
EN MORAR EN EL CORAZÓN DE LOS HUMILDES.**

ERASMO

PIDE POR ESCRITO

Cuando éramos adolescentes nuestros diarios eran sagrados. ¡Ay del curioso hermano o amiga que se atreviera a descubrir los secretos de nuestra vida!

A través de los siglos los diarios han sido una preciosa posesión para muchos. Es el lugar donde se registra la crónica de los días, donde se reflejan sentimientos, sueños, quejas, donde se traza una ruta y a donde uno se puede escapar. Muchos diarios se han convertido en valiosos relatos históricos, mientras que otros han servido como base de novelas o trabajos escolares.

La mayoría de nosotras nunca veremos nuestros diarios impresos ¡Eso esperamos!, pero sí podemos beneficiarnos en gran manera del proceso de redacción. Escribir un diario es realizar un viaje por el pasado, el presente o el futuro.

Y JEHOVÁ ME RESPONDIÓ, Y DIJO: ESCRIBE LA VISIÓN, Y DECLÁRALA EN TABLAS, PARA QUE CORRA EL QUE LEYERE EN ELLA.

HABACUC 2:2

Algunas personas escriben su diario temprano en la mañana, antes de que comience el día, y anotan sueños que han tenido en la noche o ideas acerca del día que está por delante. Otras lo escriben en la noche, justo antes de irse a la cama, para poner el punto final al día siguiente. Otras usan la escritura del diario como una buena excusa para tomarse un descanso durante el día.

Una mujer acostumbra retirarse a su cuarto favorito, bien avanzada la tarde, antes de que la familia llegue y comience los preparativos para la cena. Se sienta en una cómoda silla, eleva los pies, se toma una taza de té, escucha música suave, y anota en su diario ideas y pensamientos. Quizá no tenga la oportunidad de hacerlo cada día, pero hace el esfuerzo para permitirse al menos unos cuantos minutos para esa indulgencia que dice: «detengan el mundo y dejen que me baje».

Escribir un diario en papel podría no ser apropiado para ti. Sentarte con tranquilidad y pensar en lo que ha ocurrido ese día, y después mentalmente entregar las partes frustrantes a Dios, podría ser tu manera de dar por terminado lo que está fuera de tu control. Cualquiera que sea la forma que escojas para hacerlo, concierta y mantén una cita diaria con el Señor para reflexionar. Esos momentos pueden ayudarte a desentrañar tus ideas y a encontrar un ritmo apropiado para terminar el día.

DE TODAS AQUELLAS ARTES EN LAS QUE EL SABIO SOBRESALE, LA MAYOR OBRA DE ARTE DE LA NATURALEZA ES LA BUENA REDACCIÓN.

JOHN SHEFFIELD, DUQUE DE BUCKINGHAM Y NORMANDÍA

PEREJIL

Mas ya habéis sido lavados,
ya habéis sido santificados, ya habéis sido
justificados en el nombre del Señor Jesús,
y por el Espíritu de nuestro Dios.

1 Corintios 6:11

La mayoría de nosotras estamos muy familiarizadas con el perejil, esas ramas verdes que les dan color a nuestros platos de comida en los restaurantes. Algunas veces el perejil se usa como una exquisita base para las barras de ensalada, o como adorno en los platos de pasta y las sopas.

La mayoría de las veces, el perejil parece algo decorativo, un bonito salpicado verde para iluminar la escena culinaria. Pocas de nosotras nos comemos alguna vez el perejil que tenemos a nuestra disposición, o ni siquiera intentamos hacerlo. Sin embargo, para eso es que lo ponen. La intención era que se comiera en pequeñas cantidades, unas cuantas hojas consumidas como mordisco final del plato. ¿Con qué propósito?

El perejil es un alimento conocido para los gastrónomos como un «limpiador del paladar». Comerlo elimina el sabor que queda de los alimentos que se acaban de comer, con el fin de que la persona disfrute más plenamente los sabores del siguiente plato. ¡El perejil borra lo viejo y prepara el camino para lo nuevo! De hecho, después de un mordisco de perejil, a la mayoría de la gente le queda difícil aun recordar de forma vívida el sabor de los alimentos ingeridos previamente.

Otro hecho interesante acerca del perejil es que si miras de cerca una de sus ramitas descubrirás algo increíble. Al igual que el trébol, el perejil es una planta «trinitaria». Cada vez que un tallo se divide en hojas queda en tres partes.

¡Qué maravillosa analogía espiritual tenemos en el perejil! Porque, con toda certeza, es nuestro Padre, Hijo y Espíritu Santo que nos limpia de la suciedad, el polvo y la mugre del mundo, y nos prepara para el hermoso y nuevo mundo que Jesús llamó el reino de los cielos. Dios es el único que tiene la capacidad de quitar todos los recuerdos de tristeza y dolor, y sustituirlos por gozo desbordante y esperanza para el futuro.

Echa otra mirada a tu mundo en este día. ¿Qué otras lecciones tiene el Señor para que aprendas acerca de sus maravillas creativas? Puedes estar segura de que toda su creación apunta hacia Él y hacia el glorioso plan que tiene para ti como hija suya.

LA VIDA CRISTIANA SIN GOZO ES UN DESCRÉDITO PARA DIOS Y UNA DESGRACIA PARA SÍ MISMO.

MALTBIE D. BABCOCK

UN CORAZÓN DE SIERVO

Has finalizado tu trabajo y te diriges a casa, pero primero necesitas comprar algunas cosas. Después de la última parada al entrar en la autopista, te asombra otra vez tanta frialdad de tus semejantes.

¿Es que ya nadie sonríe? ¿Es que nadie puede ayudarme a encontrar lo que estoy buscando, sin tratarme como a un estorbo? ¿Es que ya nadie se disculpa por hacer esperar a los demás o por prestar un mal servicio?

El jefe de una empresa de mudanzas en el nordeste tiene una filosofía que nos gustaría que fuese imitada por todos aquellos que nos sirven. Conociendo la experiencia tan traumática que supone recoger todo y comenzar una nueva vida en un lugar nuevo, para él es importante que sus clientes sepan que comprende y se preocupa por lo que están pasando. En el proceso, ha descubierto que ser amable es tan fácil como ser áspero.

El mejor ejemplo que tenemos para servir es el Señor Jesús. En Mateo 20:28 Él les dijo a sus discípulos: «El Hijo del Hombre no vino para ser servido, sino para servir». La dedicación de Jesús al servicio era evidente en todo lo que hacía, desde enseñar en las sinagogas y predicar las buenas nuevas, hasta sanar a los enfermos y hacer milagros.

SERVÍOS POR AMOR LOS UNOS A LOS OTROS.

GÁLATAS 5:13

«Y al ver las multitudes, dice Mateo 9:36, tuvo compasión de ellas, porque estaban desamparadas y dispersas como ovejas que no tienen pastor».

¿No es así como nos sentimos a veces al final de un largo y duro día, hostigadas e indefensas? ¿No queremos que alguien nos trate con amabilidad y nos lleve a casa? ¡Qué diferencia cuando la gente nos trata bien!

La ley de la siembra y la cosecha nos dice que segaremos lo que sembremos (véase Gálatas 6:7). Al convertirnos más y más en siervas de amor y bondad hacia los demás, descubriremos que ellos a cambio nos sirven a nosotras con amor y bondad.

EL SERVICIO MÁS ACEPTABLE DE DIOS ES HACER BIEN AL HOMBRE.

BENJAMIN FRANKLIN

TAN OBSTINADA COMO UNA VIEJA CABRA

La siguiente era una ilustración favorita que Martín Lutero usaba en sus sermones:

> ¿Qué hacen dos cabras para cruzar un río si se encuentran en un puente angosto? Como no hay ni un centímetro de espacio libre, no pueden regresarse ni pasar las dos al tiempo. Si se dieran de topetazos ambas caerían al agua y se ahogarían. ¿Qué crees que hacen?
>
> Lo que ocurre es que inevitablemente una de ellas se echa en el piso mientras la otra pasa por encima. Una vez que la cabra la ha pasado y sigue su camino sana y salva, la otra se levanta y sigue el suyo. De esta manera, ambas llegan a su destino sanas y salvas.

ASÍ AHORA PARA SANTIFICACIÓN PRESENTAD VUESTROS MIEMBROS PARA SERVIR A LA JUSTICIA.

ROMANOS 6:19

En el mundo actual hay mucha preocupación por permitir que los demás «pasen por encima de nosotros». Pero tendernos en el piso para darle paso a otro, para que ambos podamos lograr el objetivo, no es lo mismo que ser un tapete. Nada de lo que Jesús hizo podría considerarse jamás como débil e impotente. Él puso su vida en fuerza y poder por nosotras, y su ejemplo nos enseña que debemos estar dispuestas a postrarnos por los demás para seguir su ejemplo.

Cuando te encuentres en problemas con otras personas, piensa en lo que podría ocurrir si simplemente dejaras tu orgullo por un momento y permitieras que:

- expresaran sus opiniones,
- presentaran sus argumentos,
- propusieran sus ideas,
- sugirieran cursos de acción a seguir, o
- quizá, hasta tomaran decisiones.

Pregúntate: *¿Cambiaría eso la dirección que estoy tomando en mi vida? ¿Evitaría la entrada de alguien al cielo?*

Postrarnos para beneficio de otros rara vez nos cuesta algo, ¡pero puede traer grandes recompensas, tanto ahora como en la eternidad!

LO QUE HACEMOS SOLO POR NOSOTROS MISMOS MUERE CON NOSOTROS. LO QUE HACEMOS POR LOS DEMÁS Y POR EL MUNDO PERMANECE Y ES INMORTAL.

ALBERT PINE

Sabor a baya

Alaben la misericordia de Jehová,
y sus maravillas para con los hijos de los hombres.

Salmo 107:8

En África hay un fruto llamado «sabor a baya» porque hace que todo lo que se coma después de haberlo comido tenga un sabor dulce y agradable. El fruto agrio, aun cuando se coma varias horas después del «sabor a baya» toma un sabor dulce y delicioso.

Para los cristianos la gratitud es el «sabor a baya» que hace que todas las cosas sean dulces. Cuando nuestros corazones están llenos de gratitud, nada de lo que se nos presente nos parece desagradable.

La mayoría de las veces estamos agradecidas solo cuando somos felices con nuestras circunstancias o cuando disfrutamos lo que nos han dado. Sin embargo, puede que necesitemos que, como a los niños, nos enseñen a decir gracias por lo que recibimos, ya sea que nos guste o no.

El hábito de dar gracias en toda circunstancia nos ayuda a ver más allá de nuestra situación inmediata y a ver nuestras vidas desde una perspectiva más elevada.

A veces recibimos regalos que no nos gustan o que no deseamos. Pero cuando aprendemos a dar gracias a Dios por todo descubrimos que los regalos que recibimos son exactamente lo que necesitamos.

La gratitud también puede ayudar a una persona que esté de luto, o a aligerar la carga de alguien que esté llevando un gran peso. También puede disipar la soledad y dar fuerzas a un enfermo.

George Herbert escribió esta hermosa oración de gratitud:

Tú me has dado tanto a mí,
dame una cosa más: un corazón agradecido.
No agradecido cuando me agrade a mí,
como si tus bendiciones tuvieran días libres,
sino un corazón tal que su latido sea tu alabanza.

Mantén el «sabor a baya» de la gratitud en tu corazón, y todas las cosas en la vida serán más dulces.

QUE AL MENOS LA GRATITUD SILENCIOSA SEA DADA A DIOS DE TODO CORAZÓN. NUESTROS PENSAMIENTOS SE ESCUCHAN EN EL CIELO.

WILLIAM WORDSWORTH

Ramillete de bondad

Como es de esperar, Kristina, una mujer de mediana edad, que practica regularmente la bondad en su vida, tiene muchos amigos. Un día su amiga Peg le dijo que estaba deprimida. Ella tenía dos niños pequeños que requerían muchos cuidados, y trabajaba a tiempo parcial como secretaria para ayudar con los gastos de la familia. «Lo más difícil para mí cada día es levantarme de la cama cada mañana», dijo Peg. «Estoy tan agotada que no sé qué hacer».

> **A SU ALMA HACE BIEN EL HOMBRE MISERICORDIOSO; MAS EL CRUEL SE ATORMENTA A SÍ MISMO.**
>
> PROVERBIOS 11:17

Como era normal para Kristina, de inmediato trató de pensar en algo, en algún acto de bondad para animarla. En lo primero que pensó fue en que a su amiga le encantan las flores, y por eso fue al jardín de su casa y cortó una variedad de flores de color púrpura, amarillo y rojo que tenían un aroma delicioso. Después cortó algunas ramas verdes y acomodó todo en un florero.

Los marrones ojos de Peg se iluminaron cuando Kristina le llevó las flores.

—¿Son para mí?

—Sí, las corté de mi jardín. Pensé en traértelas para que supieras que me preocupo por ti.

Varios días después, Kristina encontró a Peg en el supermercado y le preguntó:

—¿Cómo te sientes?

—¡Maravillosamente bien! —exclamó Peg con una gran sonrisa—. Me hiciste sentir muy especial cuando cortaste aquellas flores solo para mí —lo que dijo a continuación conmovió y tocó profundamente a Kristina.

—¿Sabes? Nunca agradecía realmente los hermosos ramos de diente de león que mis hijos me daban, pero ahora lo hago. Los miro y veo que en mi ajetreado mundo hay muchas pequeñas y hermosas cosas que nunca antes había notado. Realmente es un milagro, y ya no estoy deprimida.

Un pequeño acto de bondad puede tocar para siempre la vida de alguien. Preparar la cena para una madre cansada, hacer algún mandado para alguien, o escribir una carta de agradecimiento a una amiga, son unos cuantos actos que podemos incorporar a nuestras vidas. Al hacerlo, no solo haremos sentir especial a otra persona, sino que también nosotras nos sentiremos muy bien con nosotras mismas.

LAS PEQUEÑAS OBRAS DE BONDAD, LAS PEQUEÑAS PALABRAS DE AMOR, AYUDAN A HACER QUE LA TIERRA SEA TAN FELIZ COMO LOS CIELOS.

JULIA A. FLETCHER CARNEY

Considera los Cielos

Los astrónomos siguen encontrando luz en nuestro oscuro universo.

Helen Sawyer nació en el año 1905 en Lowell, Massachusetts, y veinticinco años después se casó con el astrónomo canadiense Frank S. Hogg. Destacada por su investigación de las llamadas estrellas variables, Helen descubrió más de doscientas cincuenta estrellas de ese tipo que muestran diferentes grados de brillo.

CUANDO VEO LOS CIELOS, OBRA DE TUS DEDOS, LA LUNA Y LAS ESTRELLAS QUE TÚ FORMASTE, DIGO: ¿QUÉ ES EL HOMBRE, PARA QUE TENGAS DE ÉL MEMORIA, Y EL HIJO DEL HOMBRE, PARA QUE LO VISITES?

SALMO 8:3

Doctorada en Astronomía del Radcliffe College en 1931, Helen estudió los grupos de estrellas globulares en la galaxia de la Vía Láctea. Al estudiar las estrellas variables pudo determinar el tiempo necesario para que algunas de esas estrellas pasaran de una luz brillante a una tenue, y de nuevo a brillante luz. Esta información ayudó a otros científicos a calcular cuán lejos están de la tierra ciertas estrellas.

Durante siglos, los científicos han descubierto más y más información acerca de la luz en la noche en nuestro vasto universo. Hoy los científicos saben que los cielos contienen un increíble número de estrellas, lunas, planetas y galaxias. La mayoría de ellas están mucho más allá de lo que el ojo humano puede ver, y mucha de la luz que ilumina en nuestro cielo nocturno ni siquiera puede verse con los potentes y gigantescos telescopios actuales.

Piensa en las luces nocturnas descubiertas durante tu vida. Luego piensa en las luces nocturnas que están aún sin descubrir. Es imposible predecir cuánto más descubrirán los astrónomos en el futuro acerca de las luces nocturnas en el universo.

Esta noche, disfruta de la luz nocturna. Mira por la ventana, y cuenta las estrellas. Estudia la luna con un telescopio. Busca la Osa Mayor, la Osa Menor, la Estrella Polar, y otras luces nocturnas famosas. Al disfrutar de la luz en la noche, inevitablemente llegarás a apreciar la tremenda cantidad de luz que Dios ha provisto para el universo.

LA OSCURIDAD ES MI PUNTO DE VISTA,
MI DERECHO A MÍ MISMO.
LA LUZ ES EL PUNTO DE VISTA DE DIOS.

OSWALD CHAMBERS

¿HAY ALGUIEN EN CASA?

La maldición de Jehová está en la casa
del impío, pero bendecirá la morada de los justos.

Proverbios 3:33

Jennifer, una madre de mediana edad, descansaba al regresar con su esposo a casa después de un retiro de fin de semana cuando escuchó abrirse la puerta.

—¡Hola!— dijo la conocida voz de una chica—. ¿Hay alguien en casa?

Tanto Jennifer como John se apresuraron a ir a la puerta para saludar a su hermosa hija. Con veinte años de edad, Becky estaba intentando ubicarse en el mundo. Poco a poco intentaba liberarse de sus padres y entrar en un mundo de nuevos comienzos, un lugar donde encontrara la verdadera felicidad y alegría a medida que utilizara los talentos y habilidades con los que Dios la bendijo.

Para Jennifer y John fue muy difícil dejar marchar a sus hijos. El hecho de que Becky fuera la menor de la familia y la única mujer, hacía las cosas mucho más difíciles. Su madre pasó muchas noches de desvelo preocupada por ella. Cuando en la noche escuchaba abrir la cerradura de la puerta, señal del regreso de Becky, susurraba una oración de gratitud a Dios por tener su mano protectora sobre ella.

Conforme pasaron las noches, Jennifer aprendió a depender de Dios cada vez más. Comprendió que aun cuando no podía estar con Becky en cada momento del día, Dios sí podía. Soltarla el año anterior en las manos de Dios, permitiendo que Él guiara sus pasos, hizo que las noches no estuvieran tan llenas de preocupación y que el tiempo que pasaba con su hija fuera más hermoso.

Cuando la familia se volvió a reunir intercambiaron abrazos y besos. Sus padres estuvieron fuera solamente dos noches, que a Becky le parecieron una eternidad. A pesar de que no pasaba mucho tiempo en casa, quería que sus padres estuvieran cerca por si los necesitaba.

—Me alegro de que estén en casa —les dijo Becky—. Los extrañé mucho a los dos.

¿Acaso no nos encanta que Dios esté siempre en casa? Él nunca se aleja, y siempre ofrece la seguridad que necesitamos para vivir a plenitud cada día. Gracias, Dios por vivir en nuestro hogar con nosotras, el mayor regalo terrenal recibido.

> **EL CONOCIMIENTO DE QUE NUNCA ESTAMOS SOLOS CALMA EL AGITADO MAR DE NUESTRAS VIDAS Y TRANSMITE PAZ A NUESTRAS ALMAS.**
>
> A.W. TOZER

¿Eres rica?

Amy, una joven madre, anhelaba ser rica porque pensaba que la riqueza aliviaría la tensión económica sobre su esposo, que trabajaba por cuenta propia. Vivían en una modesta casa de clase media, pero ella quería una casa más costosa.

DULCE ES EL SUEÑO DEL TRABAJADOR, COMA MUCHO, COMA POCO; PERO AL RICO NO LE DEJA DORMIR LA ABUNDANCIA.

ECLESIASTÉS 5:12

Un día Amy visitó a su hermana en su nueva casa, y quedó impresionada. Una lámpara de tipo araña colgaba del techo del comedor. La cocina exhibía todos los electrodomésticos empotrados y aparatos posibles. El estudio exhibía un gran televisor, muchísimos discos compactos y un envidiable equipo de estéreo. Amy pensó: *Si yo trabajara, Joe y yo podríamos disfrutar de una casa como esta.*

Más tarde, cuando terminó de conocer la casa, le preguntó a su hermana a qué hora tenía que levantarse para ir a trabajar. «A las cinco y media», respondió Janice.

Ya de regreso en su casa, Amy miró a su esposo con lágrimas de gratitud en sus grandes ojos marrones.

—¿Te das cuenta de lo ricos que somos? —le preguntó ella.

—¿Qué quieres decir? —le preguntó Joe con el ceño fruncido.

—Yo no tengo que levantarme temprano y dejar a nuestro precioso hijo en casa de una niñera. Puedo disfrutarlo durante todo el día. ¡Soy rica! Es que nunca antes me había dado cuenta de ello.

Sonriendo Joe abrazó a su esposa y le dijo:

—Estoy completamente de acuerdo.

En nuestra sociedad es muy fácil llegar a enredarnos en las cosas materiales. Dondequiera que miramos vemos anuncios que aparecen tratando de seducirnos a comprar una bonita casa, muebles lujosos, ropa de moda, autos de último modelo, barcos, motocicletas, cosméticos... cualquier cosa.

Esta noche, dale un vistazo a todo lo que te rodea, mira cuán rica eres, no por las cosas materiales y costosas, sino por las cosas que importan. ¿Tienes un montón de libros sobre tu sillón? ¿O tienes en la alacena alimentos nutritivos? O quizá tengas en la puerta del refrigerador una invaluable foto de tu hijo. Sin importar lo que tengas, esta noche toma nota de tus bendiciones y disfruta de ellas.

HAY DOS MANERAS DE SER RICO.
UNA TENIENDO TODO LO QUE QUIERES.
OTRA ESTANDO SATISFECHO CON LO QUE TIENES.

PROVERBIO

La taza sin brillo

Después de horas de búsqueda entre las empolvadas cajas de cartón del sótano, y de quitar telarañas y mucho polvo, Kelly encontró una caja donde estaba la taza de bebé que había pertenecido a su abuela. Estaba envuelta en amarillento papel periódico desde hacía muchos años, como lo evidenciaban las fechas del diario. Al desenvolver la taza, Kelly descubrió que estaba ennegrecida debido a que había perdido el brillo. Frustrada y decepcionada la volvió a meter en la caja de cartón.

ABANDONEN TODA AMARGURA, IRA Y ENOJO, GRITOS Y CALUMNIAS, Y TODA FORMA DE MALICIA. MÁS BIEN, SEAN BONDADOSOS Y COMPASIVOS UNOS CON OTROS, Y PERDÓNENSE MUTUAMENTE, ASÍ COMO DIOS LOS PERDONÓ A USTEDES EN CRISTO.

EFESIOS 4:31-32 NVI

Aquella noche, después de dar vueltas en la cama durante una hora, debido a que no pudo conciliar el sueño, finalmente pensó que la intranquilidad se debía a que por su abandono y despreocupación había dejado deteriorar la taza. Corrió escaleras abajo hasta el sótano, y la sacó y la llevó a la cocina.

Buscó brillador de plata, y con suavidad limpió la taza hasta que el hermoso metal se volvió a revelar. Después de mucho trabajo y amor, la taza recuperó su belleza original.

A menudo nuestras relaciones con la familia y los amigos llegan a opacarse, y a deteriorase bajo capas de sentimientos heridos, enojo y malentendidos. Muchas veces el proceso de deterioro comienza con un comentario hecho al calor del momento, o bajo la presión de otro problema completamente distinto. Si el aire no se limpia de inmediato, la relación se opaca.

Nuestras relaciones pueden ser restauradas con amor y trabajo. Entonces volvemos a descubrir la belleza que estuvo bajo lo que la estaba opacando, y nos damos cuenta de que ha estado ahí todo el tiempo.

Cuando estés despierta en la cama sin poder dormir porque un ser querido te hirió, y tú le respondiste con palabras hirientes, o le pagaste con la misma moneda, recuerda las enseñanzas de Jesús y pide perdón por ti y por tu ser querido[44].

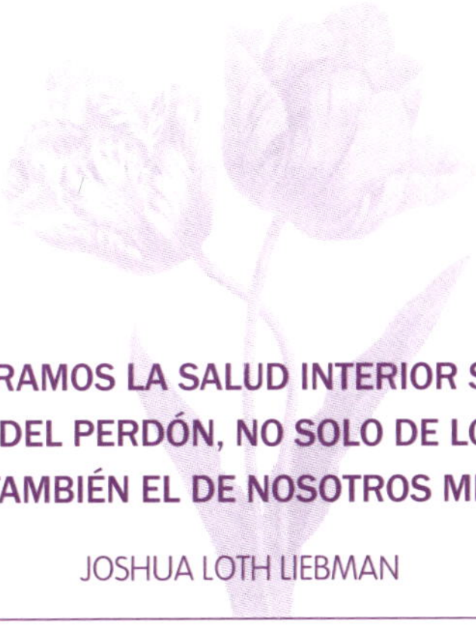

LOGRAMOS LA SALUD INTERIOR SOLO A TRAVÉS DEL PERDÓN, NO SOLO DE LOS DEMÁS, SINO TAMBIÉN EL DE NOSOTROS MISMOS.

JOSHUA LOTH LIEBMAN

La variedad del amor

Y ahora permanecen la fe,
la esperanza y el amor, estos tres;
pero el mayor de ellos es el amor.

1 Corintios 13:13

Entre la gran variedad de amor en el mundo existen: el amor entre esposos, el amor entre padres e hijos y el amor entre amigos. En nombre del amor se han librado guerras, los hombres se han batido en duelos, y han perdido su vida; la gente se ha vuelto alcohólica, y se han alcanzado grandes logros. El más modesto individuo, actuando por un corazón de amor, tiene el potencial de convertirse en héroe.

Sin embargo, el amor más desprendido es el amor que Jesús tiene por cada individuo. Su amor es la piedra angular de nuestra vida, y el fundamento de nuestra existencia a medida que nos relacionamos en amor con los demás. El amor se marchita en aislamiento.

Cada experiencia que enfrentamos, y cada persona con la que nos encontramos, añaden una nueva dimensión a la manera en que amamos. Y cuando nos franqueamos con aquellos a quienes tememos o que nos disgustan, con frecuencia hallamos nuevas oportunidades de expresar el amor de Dios.

El amor crece y se desarrolla cuando es alimentado. Un hombre y una mujer que hayan estado casados por décadas, descubren que se aman el uno al otro de manera más profunda de lo que podían haber imaginado cuando estaban recién casados.

Esta noche en tu tiempo de quietud con Dios, pídele el don del amor, y mañana compártelo con alguna otra persona. Entrega tu amor libremente, sin compromisos, tal como Dios nos entrega su amor a cada una de nosotras. Conviértete en una persona de fe y esperanza, pero sobre todo, conviértete en una persona de amor[45].

¿CÓMO ES EL AMOR? TIENE MANOS
PARA AYUDAR A OTROS.
TIENE PIES PARA APRESURARSE
HACIA LOS POBRES
Y LOS NECESITADOS. TIENE OJOS
PARA VER LA DESGRACIA
Y LA NECESIDAD.TIENE OÍDOS
PARA ESCUCHAR
LOS SUSPIROS Y LAS TRISTEZAS
DE LOS HOMBRES. ASÍ ES EL AMOR.

SAN AGUSTÍN DE HIPONA

ALIMENTO EN MI CASA

—¡Conque acabas de perder tu trabajo!

Deborah dio un profundo suspiro, y sentándose rápido observó cómo las líneas de los ojos de su esposo, producidas por la risa, se volvían sombrías.

Aunque su esposo había sido un empleado leal a la misma empresa durante más de veintiséis años, lo despidieron cuando las ganancias disminuyeron. La mujer observaba mientras su esposo batallaba mentalmente contra el ataque de depresión.

TRAED TODOS LOS DIEZMOS AL ALFOLÍ Y HAYA ALIMENTO EN MI CASA.

MALAQUÍAS 3:10

—Oye —dijo ella—, te invito a cenar fuera esta noche.

—¿Por qué? —preguntó él—. Acabo de perder mi trabajo.

—Porque estoy tratando de evitar que te deprimas —dijo ella.

Al ver que una sonrisa se dibujaba en el rostro de su esposo, supo que había dado en el blanco.

Más tarde, en el restaurante, sentados a la mesa el uno frente al otro, su esposo se inclinó hacia delante y le susurró:

—Creo que voy a estar muy deprimido el viernes entrante.

Deborah sintió que se le cerraba la garganta.

—Oh —dijo ella.

—Sí —dijo él bromeando—, creo que para sentirme mejor tendremos que ir a Shoney´s.

Cuando llegaron a su casa, lo primero que hicieron fue tener un tiempo de oración pidiendo específicamente la guía de Dios. En la iglesia pidieron oración por ellos. Su esposo comenzó a enviar curriculum vitae y a hacer llamadas telefónicas.

Los meses se alargaron de manera interminable, y la depresión irrumpió en la vida de la pareja, después de haber recibido poca respuesta por parte de los patronos en potencia. Sin embargo, cuando Deborah oyó de la destrucción del huracán Mitch en Honduras, de inmediato comenzó a reunir ropa y comida enlatada para las víctimas. Al verla, su esposo la detuvo preguntándole:

—¿Qué haces? ¡Esa es nuestra comida!

—Esas personas necesitan ropa y alimentos más que nosotros —dijo—. También creo que deberíamos diezmar la paga de tus vacaciones que no hemos usado para dárselo a ellos.

Después de girar el cheque, el Señor derramó un diluvio de gozo en los dos. Al día siguiente dos empresas llamaron para concertar una entrevista.

Algunas veces tenemos problemas para renunciar a las cosas materiales cuando nosotras mismas las necesitamos. Pero en su Palabra, Dios promete a sus hijos que cuando son fieles en dar, Él siempre proveerá en abundancia para sus necesidades.

TAL COMO DAMOS,
VIVIMOS.

SIDNEY GREENBERG

AMOR INFALIBLE

La escritora Marion Bond West escribió acerca de «El árbol de sanidad», en un momento en que las cosas no iban bien y ella dudaba de su papel como esposa y madre. En aquel momento, su independiente hija mayor estaba embarazada, ella y su hija adolescente no podían llevarse bien, y los gemelos preferían a su padre.

SE COMPLACE JEHOVÁ EN LOS QUE LE TEMEN, Y EN LOS QUE ESPERAN EN SU MISERICORDIA.

SALMO 147:11

Una tarde que le preguntó a su esposo si quería salir a dar un paseo, él le contestó que no de forma tajante.

Desilusionada, Marion condujo hasta el bosque donde comenzó a caminar sola. Los únicos sonidos que escuchaba eran los de sus propios pasos y el del agua que corría por un arroyo. Al ver a la distancia un solitario y negro nogal, pensó que así se sentía ella, sola. Se sentó a los pies del árbol cuyas hojas batidas por el viento se soltaban de las ramas danzando con la brisa. *¡Con cuánta facilidad este árbol deja ir esas hojas!*. Pensó. *Ojalá yo pudiera dejarme llevar tan fácilmente.*

Pensando en su esposo, West agarró una rama, y mientras oraba para poder soltar aquellas cosas que le molestaban de él, la lanzó al agua. Luego agarró una rama más pequeña, y pensó:

Esta frágil rama es mi hija Jennifer. Por favor, permite que deje de controlar su vida, oró a la vez que la lanzaba tan lejos como podía.

De esa manera, uno a uno, dejó a sus hijos en manos del Señor. Una rama larga representaba a su hija embarazada. *No permitas que me entrometa en sus asuntos, Señor,* dijo lanzándola al agua.

Después agarró dos palos iguales y los lanzó a las remolinantes aguas diciendo: *No dejes que presione a los chicos para que sean lo que yo creo que deberían ser.*

La última rama la representaba a ella. Mientras la lanzaba a la corriente oró: *Señor, yo no soy muy amable, y soy muy egoísta y demandante. Haz las cosas a tu manera, ama a mi familia con tu amor incondicional.* De inmediato, comenzó a experimentar un sentimiento de libertad, un respiro de sus ataduras.

Hay libertad cuando nos entregamos nosotras mismas y a nuestros seres queridos al Señor. Cuando dejamos de aferrarnos al enojo y la desilusión del pasado experimentamos su infalible amor y aceptación[46].

PUEDE QUE NO SEA FÁCIL TOMAR TODO LO QUE SOMOS Y TENEMOS, Y ENTREGÁRSELO A DIOS, PERO SÍ SE PUEDE HACER, Y CUANDO SE HACE, EL MUNDO TIENE UN CANDIDATO MENOS A LA MISERIA.

PAUL E. SCHERER

ESCUCHAR LA VOZ DE DIOS

Estad quietos, y conoced que yo soy Dios,
seré exaltado entre las naciones;
enaltecido seré en la tierra.

Salmo 46:10

La última vez que Allison y su hermana estuvieron juntas tuvieron una diferencia de opinión, y decidieron tomar caminos diferentes. Después Allison se enteró de que su hermana le había dado la espalda a Dios.

Con el paso de los años, Allison extrañaba a su hermana menor, e intentó encontrarla sin tener éxito. Durante mucho tiempo rogó a Dios que la ayudara a encontrar a Beth. Finalmente dejó de suplicarle que respondiera sus oraciones, y puso la petición en sus manos para que Él hiciera lo que quisiera. Pasaron los días, los meses y los años, y parecía que sus oraciones iban a quedar sin respuesta.

Pero Dios sí las había escuchado. Dos semanas antes de la Navidad del año 1988, Allison estaba muy ocupada decorando la casa en el silencio de las últimas horas de la tarde. Al poner el pesebre sobre el televisor sus pensamientos se remontaron a la primera Navidad y al niño Jesús, que era el regalo de amor de Dios para el mundo. ¡Cómo deseaba poder compartir ese amor con su hermana!

Al mirar por la ventana y ver al cartero metiendo otro montón de tarjetas en el buzón, se puso su suéter y salió a buscarlas. Todos los sobres, excepto uno rojo, tenían direcciones devueltas. Con curiosidad, le dio la vuelta y lo abrió.

«Por favor, hermana, perdóname», decía. «Me disculpo por no haberme puesto en contacto antes. Espero que podamos hablar». Allison miró las fotografías que estaban dentro del sobre, y sus ojos se llenaron de lágrimas. Quince años era mucho tiempo.

Cuando por fin, las hermanas hablaron, Allison se sorprendió al saber que Beth, que había estado alejada, ahora era creyente.

—Aún tengo la Biblia que me diste cuando tenía seis años —dijo Beth—. Sigue en su caja original, y no solo eso, sino que la utilizo.

Para sorpresa de Allison, Dios había compartido el regalo de amor de Jesús con su hermana. ¡Qué impresionante es Dios cuando ponemos toda nuestra confianza en Él! Estarnos quietas en su presencia y reconocer que Él es nuestro soberano Señor, le da la libertad de obrar bendiciones en nuestras vidas.

> **CUANTO MÁS DEPENDEMOS DE DIOS,**
> **MÁS DESCUBRIMOS LO MUCHO**
> **QUE SE PUEDE DEPENDER DE ÉL.**
>
> CLIFF RICHARDS

NADA ES IMPOSIBLE

Cuando Jama Hedgecoth tenía cinco años, halló a un gato hambriento. Aun a esa edad, ella amaba a los animales, y no soportaba verlos necesitados. Le rogó a su madre que se lo dejara tener, y como ella le dijo que no, con los puños cerrados sobre sus caderas dijo: «Mamá, uno de estos días el Señor me va a dar todos los animales que yo quiera».

Como hija de evangelistas itinerantes, Jama creía profundamente en Dios. Años después su fe se hizo realidad. En la actualidad está casada, tiene cuatro hijos, y vive en una granja en Georgia donde comenzó El Arca de Noé, un refugio seguro y centro de rehabilitación para más de mil animales.

DE CIERTO OS DIGO, QUE SI TUVIEREIS FE COMO UN GRANO DE MOSTAZA, DIRÉIS A ESTE MONTE: PÁSATE DE AQUÍ ALLÁ Y SE PASARÁ; Y NADA OS SERÁ IMPOSIBLE.

MATEO 17:20

Cuando Jama vio por primera vez aquel terreno, supo sin ninguna duda que Dios se lo daría. La respuesta de su esposo, que era camionero, fue de incredulidad cuando ella comenzó a empacar todas las cosas. A medida que las cajas se apilaban hasta casi tocar el techo, su esposo llamó a su suegro y le dijo: «Jama se ha vuelto loca. Está empacando y diciendo que Dios nos va a trasladar al terreno, y no tenemos ni un centavo. Ni siquiera puedo encontrar mis calcetines».

El papá de Jama se limitó a decir: «Si Dios le ha hablado, simplemente espera».

La fe de Jama permaneció fuerte, aun cuando El Arca de Noé atravesó aguas turbulentas. En tres ocasiones el centro estuvo a punto de ser desalojado, pero Dios hizo milagro tras milagro. Una vez, cuando era casi una ruina económica, un empresario de Atlanta se ofreció a pagar la hipoteca completa y a construir un albergue infantil, donde ahora hay doce niños alojados.

Un espíritu de amor incondicional corre por la familia de Jama. A través de su fe en Dios, ella se ha hecho cargo de animales que nadie quiere, incluyendo gatos salvajes, leones, monos y emús. Y también ha abierto su corazón a niños desamparados.

¿Qué tan grande es tu fe? A veces nuestro Dios quiere que demos un paso de fe, no para probarle a Él que tenemos fe, sino para probarnos a nosotras mismas cuánto creemos en su poder. ¿Estás dispuesta a dar un paso de fe?[47]

TENER FE ES CREER QUE LA TAREA QUE TENEMOS POR DELANTE NUNCA ES TAN GRANDE COMO EL PODER QUE TENEMOS DETRÁS.

ANÓNIMO

EN EL NOMBRE DE JESÚS

Joyce Girgenti, de treinta y siete años de edad y artista cristiana, testifica de su fe pintando el nombre de Jesús en cuadros inspiradores.

PARA QUE SEAN CONSOLADOS SUS CORAZONES, UNIDOS EN AMOR, HASTA ALCANZAR TODAS LAS RIQUEZAS DE PLENO ENTENDIMIENTO, A FIN DE CONOCER EL MISTERIO DE DIOS EL PADRE, Y DE CRISTO, EN QUIEN ESTÁN ESCONDIDOS TODOS LOS TESOROS DE LA SABIDURÍA Y DEL CONOCIMIENTO.

COLOSENSES 2:2-3

En el otoño del año 1994, una organización se puso en contacto con ella con el propósito de recaudar dinero para un club local de muchachos. Querían que ella donara una tarjeta con una escena navideña. Su primera propuesta, una escena junto al fuego completada con un árbol de Navidad y un pesebre, fue rechazada. Sin dejarse desanimar la sustituyó por otra que sí fue aceptada. Más tarde comprendió por qué esa escena había sido rechazada. Dios tenía otros planes.

Joyce había utilizado una fotografía de su propia chimenea para pintar la escena original. Trabajando desde la parte de arriba del lienzo, pintó el árbol de Navidad, el pesebre sobre la repisa de la chimenea, el rugiente fuego, y las piedras que la formaban. Al comenzar a pintar la parte inferior de la chimenea, se volvió a su hija y le preguntó:

—¿No sería bonito pintar en la chimenea algo escondido referente a la Navidad?

Antes de que su hija pudiera responder, Joyce dijo:

—¿Qué mejor que el nombre de Jesús? Él es la razón de que celebremos la Navidad —entonces acomodó las piedras de la chimenea de tal manera que formaran el nombre de Jesús.

Al ser rechaza la tarjeta, Joyce la utilizó para enviarla a clientes y amigos. Un día, recibió una llamada de su amiga Mary, que le preguntó:

—¿Realmente está el nombre de Jesús en la chimenea?

Estando de pie delante de su chimenea, Joyce exhaló un profundo suspiro y dijo:

—No me lo vas a creer, pero su nombre está ahí. Incluso veo una piedra con forma de corazón.

Intentar encontrar el nombre de Jesús tan bien escondido, en los cuadros de Joyce, es un misterio. Pero el verdadero misterio no es su nombre, sino Jesús mismo. Solo cuando Él es revelado somos capaces de discernir su tesoro escondido para nosotras, su regalo de salvación.

LA SALVACIÓN ES UN REGALO QUE PUEDES PEDIR.

ANÓNIMO

UNA ORACIÓN INSTANTÁNEA

Amados, si Dios nos ha amado así, debemos también nosotros amarnos unos a otros. Nadie ha visto jamás a Dios. Si nos amamos unos a otros, Dios permanece en nosotros, y su amor se ha perfeccionado en nosotros.

1 Juan 4:11-12

Un día de invierno, una mujer estaba de pie ante la ventana observando cómo el viento sacudía los pinos. La fría lluvia había entrado a hurtadillas la noche anterior. Temprano en la mañana, ella había tenido que batallar para levantarse de la cama debido a que el extremo frío y la humedad habían hecho estragos en sus articulaciones.

En la oficina de correos, todo el mundo parecía sentirse como ella. Nadie sonreía, y todos parecían estar batallando para pasar el día. Entonces ella decidió, allí mismo y en aquel instante, cambiar al menos su propia perspectiva. Comenzó a manifestar libremente una sonrisa cariñosa que irradiaba el amor de Jesús. Para algunos, ella susurró una oración «instantánea» para que su día fuese bendecido por el Padre celestial.

Sus sonrisas hicieron descender las bendiciones de Dios en forma de una abuela que se apresuró a ponerse al lado suyo para contarle una historia divertida, de un hombre que le pidió su opinión acerca de qué bolsa comprar para su esposa y de un chico que le cedió el carril de velocidad.

Una sonrisa incluso dio comienzo a una amistad con un muchacho que tenía síndrome de Down y que ayudaba con las bolsas en el supermercado. Un día de invierno con nubes de nieve muy bajas cruzando los cielos, el muchacho llevó las bolsas de la mujer hasta su auto. Buscando algunas monedas en su bolsillo para darle una propina, se avergonzó cuando descubrió que no tenía nada para darle.

—Lo siento —dijo ella, no queriendo defraudar al muchacho.

—Está bien —una sonrisa tan brillante como el verano se dibujó en el rostro del chico. Después echando sus brazos alrededor de ella le dijo—: Te quiero.

Temblando de frío, ella susurró una oración «instantánea» por ese hijo de Dios tan especial. «Señor, bendice a este precioso niño», susurró.

¿Cuándo fue la última vez que susurraste una oración «instantánea»? ¿O cuándo fue la última vez que abrazaste a alguien que era distinto a ti? Como cristianas, necesitamos extender nuestras manos a todos los hijos de Dios. Parece que «el menor de ellos» puede enseñarnos a muchas de nosotras una lección de humildad. Pero la lección más grande de humildad se halla en Jesucristo[48].

> **UNA SONRISA ES UNA CURVA**
> **QUE AYUDA A ENDEREZAR LAS COSAS.**
>
> ANÓNIMO

EL REGALO SECRETO

Fue la Navidad en que Marty, el hijo menor de Diane, tenía ocho años, que ella fue testigo de un milagro. El niño estaba muy emocionado a pesar de que tenía una pequeña discapacidad. Era sordo de un oído.

MAS CUANDO TÚ DES LIMOSNA, NO SEPA TU IZQUIERDA LO QUE HACE TU DERECHA, PARA QUE SEA TU LIMOSNA EN SECRETO; Y TU PADRE QUE VE EN LO SECRETO TE RECOMPENSARÁ EN PÚBLICO.

MATEO 6:3-4

Aunque para su familia había sido difícil, Diane sabía que estaba mucho mejor que la mamá de Kenny, que vivía no muy lejos y batallaba cada día simplemente para alimentar y vestir a sus hijos.

Varias semanas antes de Navidad, Diane se enteró de que Marty estaba ahorrando su pequeña paga para comprarle un regalo a Kenny. Un día, él entró en la cocina y le enseñó una brújula de bolsillo. «Compré un regalo para Kenny», le dijo.

Sabiendo lo orgullosa que era la mamá de Kenny, Diane no creía que le permitiría a su hijo aceptar un regalo si él no podía corresponder. Marty lo discutió con su madre, y finalmente dijo: «¿Y si lo hago en secreto? ¿Y si ellos nunca descubrieran quién se la regaló?».

Al final, Diane se ablandó y observó a su hijo salir por la puerta el día de Nochebuena, cruzar el mojado pasto y pasar por debajo de la valla eléctrica.

El niño corrió hasta la puerta, tocó el timbre, luego bajó corriendo los escalones y cruzó el patio para que nadie le viera. De repente, la valla eléctrica apareció frente a él y le golpeó con fuerza. La sacudida lo tumbó al suelo, y respiraba con dificultad. Lentamente se levantó y consiguió llegar a su casa.

Diane le curó la ampolla que Marty tenía en la cara, y después lo llevó a la cama. Al día siguiente, Kenny llegó a su puerta hablando con emoción de su nueva brújula. De manera sorprendente, Marty parecía oír con ambos oídos.

Más tarde, el doctor confirmó que de alguna manera el niño había recuperado el oído. Aunque él dijo que pudo haber sido la sacudida de la valla eléctrica, Diane creyó que los milagros aún suceden la noche en que celebramos el nacimiento de nuestro Señor.

¡Qué testimonio de amor compartió Marty con su amigo! Él quiso dar en secreto, tal como Dios nos manda, y en su fidelidad, Kenny fue recompensado por lo que hizo en secreto. ¿Qué buenas obras has hecho en secreto?[49]

AQUEL QUE HACE BIEN A OTRO SE HACE BIEN A SÍ MISMO.

LUCIUS ANNAEUS SÉNECA

TIEMPO TURBULENTO

Elizabeth se quedó mirando por la ventana las bajas nubes de lluvia. Besando la cabeza de su hijo recién nacido, lo envolvió en la manta, deseando que su esposo estuviera en casa.

Aquella tarde la lluvia comenzó despacio, pero al llegar la noche se había convertido en un sonido que golpeaba. Elizabeth se dio cuenta de que era aguanieve.

PORQUE NO NOS HA DADO DIOS ESPÍRITU DE COBARDÍA, SINO DE PODER, DE AMOR Y DE DOMINIO PROPIO.

2 TIMOTEO 1:7

Cuando el bebé abrió sus azules ojos e hizo gorgoritos, ella lo puso en su regazo. A medida que su corazón se llenaba de amor por ese nuevo ser humano, sintió que una inexplicable calidez pasaba entre ellos. Se preguntó si quizá esa sería la manera en que Dios se sentía con sus hijos.

«Apuesto a que quieres comer algo», dijo ella tocando la mejilla del bebé. Lo puso de lado en el corralito, y luego sacó un biberón del refrigerador y lo puso a calentar en una cacerola. Cuando estuvo listo, derramó unas gotas sobre su muñeca, y satisfecha con la temperatura se lo dio a su hijo.

Más tarde, el aguanieve se convirtió en una lluvia gélida. Mirando hacia fuera, pudo ver los pinos cubiertos de nieve que parecían arrodillarse. Nerviosamente dijo en voz alta: «Jim, ¿dónde estás?».

Justo en el momento en que se dirigía hacia el teléfono, se fue la luz. Buscó una vela y la encendió, pero a medida que el tiempo pasaba, la casa se enfriaba. Arropó al bebé con otra manta, le puso una gorra y luego se puso su abrigo.

¿Y si la luz no vuelve pronto? ¿Y si no vuelve durante días? Pensó en todas las posibilidades. *¿Dónde está mi esposo? Con este mal tiempo, ¿habrá tenido un accidente?* «Oh Señor, susurró, tengo mucho miedo».

En la oscuridad y el penetrante silencio, escuchó una voz interior que le recordaba que Dios es nuestro amparo y fortaleza, una ayuda siempre presente en la tribulación. Una hora después su esposo regresó a casa, y no mucho más tarde, las luces se volvieron a encender.

Como cristianas sabemos que no deberíamos ceder a nuestros temores, pero a menudo lo hacemos. Si echamos nuestras dudas y temores al pie de la cruz, los brazos extendidos de Jesús pueden satisfacer nuestras necesidades más que abundantemente.

LA RENUNCIA A LAS CARGAS Y LOS TEMORES COMIENZA DONDE LA ADORACIÓN Y LA ALABANZA A DIOS SE CONVIERTEN EN LA OCUPACIÓN DEL ALMA.

FRANCES J. ROBERTS

Confianza activa

No se turbe vuestro corazón;
creéis en Dios, creed también en mí.

Juan 14:1

En su libro, *Beyond Our Selves*, Catherine Marshall escribe acerca de la confianza activa de su esposo en Dios. Peter Marshall, un popular ministro presbiteriano, también sirvió como capellán del Senado de los Estados Unidos durante el final de los años cuarenta.

Catherine dijo en una ocasión: «Yo creía que la fe era creer en mi mente alguna cosa específica. Ahora sé que la fe no es nada más ni nada menos que confiar activamente en Dios». Para demostrarlo, ella da la siguiente ilustración que su esposo utilizaba:

> Supongamos que un niño tiene un juguete roto y se lo lleva a su padre, y le dice que ha tratado de arreglarlo él mismo, pero que no ha podido, que por favor se lo arregle. El padre acepta con alegría, toma el juguete y comienza a trabajar. Ahora bien, obviamente, el padre puede hacer su trabajo de forma más rápida y fácil si el niño no interfiere y más bien se sienta para observar, o incluso se ocupa de otra cosa, sin tener ninguna duda de que el juguete será reparado con éxito.

¿Pero qué hace la mayoría de los hijos de Dios en una situación tal? A menudo estamos listos para ofrecer muchos consejos sin sentido, y algunas estúpidas críticas. Hasta nos impacientamos e intentamos ayudar metiendo nuestras manos en el camino del Padre, por lo general, entorpeciendo el trabajo.

Finalmente, ya desesperados, puede que aun intentemos quitarle el juguete de las manos al Padre, diciendo con bastante amargura que, de todas formas, realmente no pensamos que lo podría arreglar... que le dimos una oportunidad y que nos falló.

Tomar el juguete y quitárselo de las manos al Padre, no demuestra confianza. Un ejemplo de confianza es cuando ponemos en sus manos a la persona o cosa que más amamos, permitiéndole que haga lo que desee.

¿Estás poniendo a tus seres queridos en las generosas manos de nuestro Padre, que sabe lo que es mejor para sus hijos? ¿O estás aferrándote a ellos creyendo que solo tú puedes protegerlos? Intenta poner tu confianza en un Padre que cuida a su rebaño como un pastor, reuniendo a sus hijos en sus brazos y llevándolos muy cerca de su corazón[50].

CASTILLO FUERTE ES NUESTRO DIOS,
ÉL ES NUESTRO REFUGIO,
NUESTRA AYUDA EN MEDIO DEL DOLOR,
NUESTRO LUGAR SEGURO.

MARTÍN LUTERO

NOTAS

[1] (pp. 10-11) *Reader's Digest* (octubre 1991), pp. 59-62.

[2] (p. 12) *Reader's Digest* (marzo 1991), pp. 128-132.

[3] (p. 17) *Reader's Digest* (diciembre 1992), pp. 101-104.

[4] (pp. 24-25) Craig B. Larson, *Illustrations for Preaching & Teaching* (Grand Rapids, MI: Baker Book House, 1993), p. 106.

[5] (pp. 26-27) Ibíd., p. 122.

[6] (pp. 34-35) Ruth Youngdahl Nelson, *God's Song in My Heart* (Philadelphia: Fortress Press, 1957), pp. 248-249.

[7] (pp. 42-43) Margaret Clarkson, © 1954, *So I send you*

[8] (p. 44) Anne Frank, The Diary of a Youg Girl (NY: Doubleday, 1952).

[9] (p. 44) Ibíd.

[10] (pp. 54-55) *Reader's Digest* (marzo 1999), pp. 117.

[11] (pp. 56-57) George Sweeting, *Who Said That?* (Chicago: Moody Press, 1995).

[12] (pp. 64-65) The Misheard Lyrics Website: www.kissthisguy.com.

[13] (p. 68) *Today in the Word* (2 de septiembre, 1992).

[14] (p. 69) Maya Angelou, *Wouldn't Take Nothin' for My Journey Now* (NY: Random House, 1993), p. 62.

[15] (pp. 72-73) Judy Seymour, «The Freeway Not Taken: Lake Route Worth the Slower Pace», *Minneapolis Star Tribune* (12 de mayo, 1997), p. 15A.

[16] (p. 74) «Words of Love By Mother Teresa», *Education for Democracy*, Benjamin R. Barber y Richard M. Battistoni, eds. (Dubuque: Kendall/Hunt Publishing Company, 1993).

[17] (pp. 74-75) Ibíd.

[18] (pp. 80-81) Autor desconocido.

[19] (pp. 82-83) Jean Shepherd, *The Endless Streetcar Ride into the Night, and the Tinfoil Noose, in The Riverside Reader*, Vol. 1, p. 17.

[20] (p. 84) Meryle Secrest, *Leonard Bernstein: A Life* (Knopf, 1995).

[21] (p. 85) *Common Ground* (enero 1990).

[22] (p. 87) Linda J. Vogel, *Teaching and Learning in Communities of Faith* (San Francisco: Jossey-Bass Publishers, 1991), p. 124.

[23] (pp. 132-133) Charlie W. Shedd, *Brush of an Angel's Wings* (Ann Arbor, MI: Servant Publications, 1994).

[24] (pp. 152-153) Irene Harrell, *Ordinary Days with an Extraordinary God* (1971).

[25] (p. 192) Tony Campolo, «Who Switched the Price Tags?» *The Inspirational Study Bible,* Max Lucado, ed., (Dallas, TX: Word Publishing, *1995), p. 402.*

[26] (p. 193) *Illustrations Unlimited*, James W. Hewett, ed. (Wheaton, IL: Tyndale House, 1988), pp. 25-26.

[27] (pp. 194-195) *A Moment a Day*, Mary Beckwith y Kathi Milled, eds. (Ventura, CA: Regal Books, 1988), p.37.

[28] (p. 200) Walter B. Knight, *Knight's Master Book of 4,000 Illustrations* (Grand Rapids, MI: Eerdmans Publishing Co., 1956), p.448.

[29] (p. 201) Ibíd.

[30] (pp. 204-205) Paul Lee Tan, *Encyclopedia of 7.700 Illustrations* (Garland, TX: Bible Communications, Inc., 1979), p. 1387.

[31] (pp. 206-207) *Newsweek* (22 de enero, 1996), p. 14.

[32] (p. 212) *Webster's New World Dictionary of the American Language* (NY: World Publishing, Co., 1968), p. 1258.

[33] (p. 220) *Daily Readings from the Works of Leslie D. Weatherhead*, Frank Cumbers, ed. (Nashville, TN: Abingdon Press, 1968), p. 312.

[34] (pp. 220-221) *The Forbes Scrapbook of Thoughts on the Business of Life* (Chicago: Triumph Books, 1992), p. 111.

[35] (pp. 224-225) *San Luis Obispo Telegram/Tribune* (9 de Marzo, 1996), p. C8.

[36] (p. 234) Helen Simpson, *The London Ritz Book of Afternoon Tea* (NY: Arbor House, 1986), pp. 6-7.

[37] (pp. 238-239) Aubrey Franklin, *Teatime by the Tea Ambassador* (NY: Frederick Fell Publishers, Inc., 1981), pp.xi-xii.

[38] (pp. 242-243) Paul Lee Tan, *Encyclopedia of 7.700 Illustrations* (Garland, TX: Bible Communications Inc., 1979), p. 1477.

[39] (pp. 244-245) Aubrey Franklin, *Teatime by the Tea Ambassador* (NY: Frederick Fell Publishers, Inc., 1981), p. 62.

[40] (pp. 246-247) Joni Eareckson Tada, *Diamonds in the Dust* (Grand Rapids, MI: Zondervan, 1993), entrada del 17 de febrero.

[41] (pp. 252-253) San Francisco Chronicle (4 de febrero, 1996), p. 4.

[42] (p. 260) *Treasury of Christian Faith*, Stanley I. Stuber y Thomas Curtis Clark, eds. (NY: Association Press, 1949), p. 806.

[43] (p. 264) W. Philip Keller, *Songs of My Soul*, Al Bryant, ed. (Dallas, TX: Word Publishing, 1989), pp. 100-101, 158.

[44] (pp. 294-295) Kelly McHugh, «The Upper Room» (9 de enero, 1999).

[45] (pp. 296-297) Patricia D. Brown, *365 Affirmations for Hopeful Living* (17 de agosto).

[46] (pp. 300-301) Marion Bond West, *Look Out Fear, Here Comes Faith!* (Ann Arbor, MI: Servant Publications, 1991), pp. 155-158.

[47] (pp. 304-305) Nanette Thorsen-Snipes, *Georgia Magazine* (1999, a ser publicado).

[48] (pp. 308-309) Nanette Thorsen-Snipes, *Southern Lifestyles* (Verano de 1996), p. 38.

[49] (pp. 310-311) Diane Rayner, *The Best Stories from Guideposts* (Wheaton, IL: Tyndale House Publishers, 1987), pp. 219-222.

[50] (pp. 314-315) Catherine Marshall, *Beyond Our Selves* (NY: McGraw-Hill, 1961), pp. 87-88.

LIBRERIA EMMANUEL
Sto. Dgo.
Tels.: 809-334-6957 / 809-616-2790
Megacentro
809-414-6066